RENATE LENZ-HRDINA

# KAPPUS
## OFFENBACH

# 1848-1998
## EINE FAMILIE, EINE FIRMA, EINE STADT.

Herausgeber: M. Kappus, Offenbach/M. 1998
Verlag Offenbacher Editionen, Offenbach/M.

Text und Copyright: Renate Lenz-Hrdina
Umschlaggestaltung: Evelyn Kappus
Layout und Satz: Atelier Ebert, Electronic Publishing, Offenbach/Main
Lithos und Herstellung: Berthold Druck und Direktwerbung GmbH, Offenbach am Main

ISBN 3-9806334-0-3

**DANK**     Für die Hilfe und Unterstützung, die ich bei meiner Arbeit erfahren habe, möchte ich mich herzlich bedanken. Insbesondere danke ich Eckhardt Appel, Michael Autengruber, Hanna Becker, Detlev Brauweiler, Joachim Crewett, A. Del, Sigrid Hartmann, Pfarrer Heinrich Keipp von der Freireligiösen Gemeinde Offenbach, Dr. Bruno Knapp, H. Krause, Dr. Alfred Kurt, dem Leiter des Offenbacher Stadtarchivs Hans Georg Ruppel und seinen Mitarbeiter(inne)n, Freddy Schinzel, Dr. Otto Schlander, Hermann Schoppe, Dr. Heidi Schnorbus, Dr. Gisela Stiehler-Allegria und, last not least, Oldrich Hrdina.

Renate Lenz-Hrdina

# INHALT

# ORWORT

Dieses Buch beschäftigt sich mit der Vergangenheit, mit dem Schicksal eines Unternehmens und der mit diesem Unternehmen verbundenen Familie. Natürlich ist diese Geschichte in die wirtschaftlichen und gesellschaftlichen Veränderungen ihrer Zeit eingebettet. Ich will als Einleitung die Erfahrungen dieser 150 Jahre nutzen und versuchen, einen Blick in die Zukunft zu werfen.

Gewaltig war der technische Fortschritt, der nach Auffassung der Volkswirtschaftslehre an Unternehmen und Unternehmer immer neue Aufgaben stellte, in diesen eineinhalb Jahrhunderten. Vom Drückkarren zum Marsmobil, vom handbeförderten Brief zum weltweiten Satellitenfernsehen spannt sich der Bogen, von den Anfängen des Kapitalismus bis in dessen Spätzeit. Gestützt auf die Erfahrungen von fünf Generationen, die sich durchgehend mit einem Gegenstand, nämlich einer mittelständischen Seifenfabrik beschäftigten, darf man mit Fug und Recht die Frage nach der Zukunftsfähigkeit einer solchen Konzeption stellen.

„Ist diese Gesellschaftsform der Familiengesellschaft ein Anachronismus oder hat sie Chancen, auch in Zukunft zu überleben? Ist in einer globalisierten Wirtschaft, in der Kapital und Warenströme täglich um die Welt kreisen, noch Platz für eine solche Familienidylle, für ein patriarchalisches Management nach Gutsherrnart, oder ist so ein Betrieb nur ein Relikt der guten alten Zeit, dessen Verfallsdatum bereits überschritten ist?"

Die Antwort fällt schwer. Wenn sich die Theorie des Shareholder-Values und damit die Priorität des um jeden Preis gewinnmaximierten Systems durchsetzen, werden mittelständische Familienunternehmen bald nur noch lokale Bedeutung haben. Sollte sich jedoch der Mensch mit seinen privaten Bedürfnissen gegen das System behaupten, dann hat diese Unternehmensform weiterhin eine Chance.

Zwei Erkenntnisse lassen mich der optimistischen zweiten Antwort zuneigen. Die Affinität zwischen der Familie als Lebensform und einer humanen Form der Arbeitsorganisation und die Erfahrungen der im Buch beschriebenen Vergangenheit. Ein Unternehmen ist keine Familie, solche sentimentalen Vergleiche wären schon wegen der unterschiedlichen Interessenlagen der Akteure nicht geboten, aber es fällt ins Auge, daß beide Organisationsformen vieles gemeinsam haben. In der Familie, der so oft totgesagten Lebensgemeinschaft, in der sich die Mitglieder gegenseitig helfen, das Leben zu meistern, und im Unternehmen, der Produktions- oder Servicegemeinschaft, in der sich Menschen zusammenfinden, um ein gemeinsames wirtschaftliches Ziel zu erreichen, gibt es vergleichbare Strukturen und Verhaltensmuster. Beide Gemeinschaften bündeln Talente und Erfahrungen, Kenntnisse und Fertigkeiten einzelner, um Unzulänglichkeiten und Defizite des Ganzen auszugleichen und um gemeinsam einen besseren Wirkungsgrad zu erreichen, und sie tun dies – ein wichtiger Aspekt – in einer menschenverträglichen Form.

Sollte, was ich hoffe, auch in Zukunft der Mensch mit seinen Bedürfnissen im Mittelpunkt allen Wirtschaftens stehen, dann muß auch die Organisationsform einer solchen Wirtschaft den menschlichen Bedürfnissen entsprechen. Und hier hat das Familienunternehmen eine Chance.

In einer globalen Wirtschaft und Gesellschaft ohne erkennbare und nachvoll- ziehbare Strukturen, mit ständig wechselnden opportunistischen Welterklä- rungen, sucht der Durchschnittsmensch auch heute immer noch Orientierung, d.h. Überschaubarkeit; Abläufe, die seinen persönlichen Erfahrungen entsprechen und – horribile dictu – ein wenig Geborgenheit oder Heimat. Ob er solche Bedürfnisse eher in der Anonymität großer Konzerne oder in den überschaubaren Abläufen eines mittelständischen Familienbetriebs findet, stelle ich zur Dis- kussion.

Eine hervorstechende Eigenschaft vieler mittelständischer Unternehmen ist deren Elastizität und Anpassungsfähigkeit gegenüber Veränderungen des Marktes oder des Umfelds. Entscheidungen fallen wegen kurzer Informations- wege schnell. In einer Welt exponentieller Veränderungen sind solche Betriebs- formen effizient und für die Gesellschaft sparsam. Sie entstehen und vergehen ohne großes Wehgeschrei und ohne Geburts- und Sterbesubventionen. Viel- leicht ist es diese Unscheinbarkeit des Auftretens, die diese Art des sparsamen und erfolgreichen Wirtschaftens für die Politik zu einer „societé negligable" werden ließ.

Ein „48er" gründet durch Zufall just in diesem bedeutungsvollen Jahr ein Unter- nehmen. Dieses Unternehmen überlebt in 150 Jahren vier Kriege, darunter zwei Weltkriege, drei Reiche und ebensoviele Republiken, dazu Zerstörungen, In- flationen, Demontagen und Notkartelle. Es hat eine Unzahl wechselnder Weltanschauungen überstanden und mit immer neuen Gesetzen, Anordnungen, Verhaltensregeln und Erwartungen gekämpft. Es hat in dieser Zeit ständig zwischen ein- und dreihundert Menschen Arbeit, Einkommen und Perspektiven gegeben und im Chaos der Zeitläufe Kontinuität gewahrt, ohne das Umfeld zu vergessen und es hat dies, so wage ich zu behaupten, in einer menschenverträglichen Art und Weise getan.

Der Sohn eines Zimmermanns schuf innerhalb weniger Jahre ein Unternehmen von Weltgeltung. Der Pragmatiker Johann Martin Kappus, der sich wegen seiner Hühneraugen Löcher in das Oberleder seiner Schuhe schnitt, kümmerte sich dabei nicht nur um die neuesten Produktionstechniken, effektive Abläufe und einen weltweiten Vertrieb, sondern er traf auch handfeste soziale Entscheidungen. Er gewährte, was damals noch eine Ausnahme war, seinen Mitarbeiterinnen und Mitarbeitern Urlaub und führte als einer der ersten deutschen Unternehmer den Achtstundentag ein. Als Gründer und Vorsitzender von freiwilliger Feuerwehr und Turnverein und als Stadtrat zollte er der Stadt, die ihm die Möglichkeit zu unternehmerischem Handel bot, seinen Tribut. Einen Teil seines Lebens widmete er der Gemeinschaft.

Seine drei Söhne hatten mit ganz anderen Problemen zu kämpfen. Die industrielle Revolution hatte soziale Probleme geschaffen, es entstand ein Arbeiterproletariat, das urbane Leben explodierte. Der erste Weltkrieg stoppte den Export, mangelnde Rohstoffe strangulierten die Produktion. Die Aktivitäten der Firma schrumpften.

Mein Großvater Ludwig, der die kaufmännische Leitung der Firma in dieser Zeit innehatte, wirkte viele Jahrzehnte als ehrenamtlicher, unbezahlter Stadtrat, baute in dieser Eigenschaft den Offenbacher Schlachthof und organisierte die Milchversorgung, um die Kindersterblichkeit zu senken. Sein Bruder Adolf, für die Parfümerie zuständig, übernahm den Vorsitz des Offenbacher Rudervereins Undine, initiierte den Bau von dessen Clubhaus auf dem Fechenheimer Ufer und schrieb Offenbacher Sportgeschichte. Mäzene waren sie nicht nur in finanzieller Hinsicht, die Brüder Kappus, sondern auch als mitwirkende, mitgestaltende Bürger, die Verantwortung für ihre Mitarbeiter und für die Stadt trugen.

Am Ende der Weltwirtschaftskrise übernahm mein Vater die Hauptlast der Firmenleitung. Er hatte wieder andere Probleme zu lösen. Zuerst galt es einmal in einer Zeit der großen Unsicherheit, das Unternehmen und die damit verbundenen Arbeitsplätze zu erhalten. Dann mußten in einer Zeit der Gleichschaltung und der Planwirtschaft unternehmerische Freiräume erkämpft werden. Im zweiten Weltkrieg ging es um die nackte Existenz. Während der Bombennächte, in denen Offenbach in Schutt und Asche fiel, koordinierte er den Einsatz der Werkfeuerwehren der Offenbacher Industrie und half, die Schäden eines sinnlosen Krieges zu begrenzen.

Nach dem Krieg hieß es für ihn wieder aufbauen, Material und Rohstoffe besorgen, Spruchkammer und Demontage verkraften, in einem Markt bestehen, den neue, mächtige Akteure beherrschten. Aus dem Nichts mußten Produkte gezaubert, aus Bombenblechen Maschinen gebastelt werden. Ihm war fürwahr der garstigste Teil der Firmengeschichte zugefallen. Trotzdem fand er Zeit, den Bau des Clubhauses des Offenbacher Tennisclubs zu organisieren.

Jahrzehnte später mußte er sich gemeinsam mit Sohn Wolfgang neuen Herausforderungen stellen. In den Werbemillionen der Markenseifenmonopole drohte die mittelständische Seifenindustrie unterzugehen. Das erste Notkartell entstand. Es galt, neue Artikel für den sich differenzierenden Geschmack zu entwickeln. Von den wenigen hunderttausend Mark Umsatz im Jahre 1946 bis zu den 50 Millionen heute, von einem bescheidenen Österreich-Export bis zu einem Exportanteil von 50 Prozent (82 Exportmärkte) war es ein weiter Weg. Arbeitnehmer aus 12 Nationen galt es zu integrieren, hunderte von öffentlich-rechtlichen Hindernissen zu überwinden. Das ehrenamtliche Engagement in Kammer und Verbänden nicht zu vergessen.

Die fünfte Generation wird durch unkontrollierbare Marktmacht und vorwiegend profitorientierte Globalisierung herausgefordert werden. Sie muß sich gegen Billigimporte aus den Entwicklungsländern und die Arroganz übermächtiger Nachfrager wehren. Ein Strauß von Problemen hat über 150 Jahre vier Familiengenerationen beschäftigt. Aber den wechselnden Besetzungen war es immer wieder möglich, die Probleme zu lösen. Bald wird zum ersten Mal, als Vertreterin der fünften Generation, eine Frau das Ruder in die Hand nehmen. Sie wird in einer Zeit großer wirtschaftlicher und gesellschaftlicher Herausforderungen ihre Frau stehen müssen.

Die Halbwertzeiten werden noch kürzer werden. Die 90er Jahre dieses Jahrhunderts werden sich von den Anfangsjahren des nächsten Jahrtausends gewaltig unterscheiden. Die Menschen und ihre Grundbedürfnisse haben sich zwar nur gering geändert, aber die Umstände, unter denen wir leben und mit denen wir leben müssen, werden fundamental anders sein. Die Gefahren, die der Freiheit drohen, unterscheiden sich von denen des Jahres 1848. Sie sind aber nicht minder virulent und gefährlich. Da heißt es aufzupassen, um den Anfängen zu wehren. Das setzt Mut, Rückgrat, Phantasie und Optimismus sowie die soziale Verantwortung unabhängiger Unternehmer voraus, denn die richtige Kombination all dieser Eigenschaften findet man überwiegend in richtigen Unternehmerinnen und Unternehmern – Manager, Politiker und Beamte mögen es mir verzeihen – die für ihr Tun persönlich die volle Verantwortung tragen müssen.

Deshalb glaube ich, daß das Familienunternehmen und das Unternehmertum, wenn uns unsere freiheitliche Gesellschaftsordnung erhalten bleibt, weiter eine gute Chance haben. „Training on the job", „learning by doing", Freiheitsdrang und Selbstbewußtsein sind die Geheimnisse unternehmerischen Erfolgs.

Natürlich waren und sind die Kappus' Menschen mit all ihren Fehlern und Schwächen, aber sie waren durchweg Persönlichkeiten, die die Gestaltungsmöglichkeiten eines freien Unternehmertums furchtlos ergriffen und die mit der Macht, die ihnen durch ihre Stellung zuwuchs, im großen und ganzen akzeptabel umgingen. Die Tradition des „königlichen Kaufmanns" und das Umfeld der Familie, in der die ältere Generation die jüngere prägte, ohne ihr die Luft zum Atmen zu nehmen, schufen Kontinuität. Die Folgegeneration wurde schon früh mit den Problemen konfrontiert, die am Fabriktor nie haltmachten. Unternehmerische Sorgen und Nöte, aber auch Erfolge, waren Themen der Tischgespräche. Vielleicht erklärt dies die Tatsache, daß sich in jeder Generation ein Familienmitglied fand, um die Verantwortung für das Unternehmen zu übernehmen. So stellten Vorprägung und Glück für die recht unterschiedlichen Aufgaben in 150 Jahren eines Unternehmens immer die richtige Frau oder den richtigen Mann bereit.

Überall dort, wo es Aufgaben zu lösen gibt, die neben Verstand und Erfahrung auch Herz voraussetzen, wird ein Familienunternehmen, eingebunden in seine Familientradition, den durch eingekaufte Manager geleiteten „societés anonymes" überlegen sein.

Dr. Wolfgang Kappus

# EINLEITUNG

*Nichts in der Natur läßt sich mit der Seife vergleichen. Kein Stein ist bescheidener und großartiger zugleich. Die Seife hat, offen gestanden, einen gewissermaßen verehrungswürdigen Charakter. Ihr Verhalten ist unnachahmlich. Es beginnt mit vollkommener Zurückhaltung. Die Seife zeigt sich zunächst äußerst reserviert, wiewohl mehr oder weniger diskret parfümiert. Doch dann, sobald man sich mit ihr beschäftigt, welch – ich würde es nicht Feuer nennen, natürlich, aber – welch großartiger Elan! Welch äußerste Begeisterung in der Selbsthingabe! Welche Großzügigkeit! Welch sprudelnde Suada, unerschöpflich fast, unvorstellbar! Im übrigen kann man sich ihrer sogleich wieder entledigen, aber dieses Abenteuer, diese kurze Begegnung läßt einen – und das ist das Erhebende – mit reineren Händen zurück, als man je zuvor hatte.*

*Francis Ponge*

**DIE BOMBEN,** die bei drei Luftangriffen zwischen 1943 und 1945 auf das Gelände der Firma Kappus fielen, zerstörten nicht nur Mauerwerk und Maschinen. Sie vernichteten auch fast alles, was die Familie aus ihrer eigenen Geschichte aufbewahrt und in Ehren gehalten hatte; Dokumente, Fotografien und persönliche Habseligkeiten, die an den Firmengründer Johann Martin Kappus erinnerten, gingen in Flammen auf, zerfielen zu nichts. Sogar der Orden des Großherzogs, auf den der Firmengründer so stolz gewesen war, daß er sich sofort damit fotografieren ließ, ist spurlos verschwunden. Doch dieses Ehrenzeichen ist wenigstens auf einer Fotografie erhalten geblieben, und das Ereignis war bedeutend genug, um auch in geschriebener Form so ausführlich dokumentiert zu werden, daß wir heute noch davon wissen.

Andere, weniger aufregende Details aus dem Leben von Martin Kappus sind dagegen für immer verloren; ausgelöscht ist das Wissen um alltägliche Geschehnisse in Familie und Firma, nur wenige Fotografien des 19. Jahrhunderts haben den Krieg überstanden, und aus den Anfangsjahren der Fabrik, wie überhaupt der ganzen Zeit, bevor Alfons Kappus die Firma leitete, gibt es nichts außer ein paar Bauplänen.

Denn unglücklicherweise brannten in den Bombenangriffen des 20. Dezember 1943, des 18. März 1944 und schließlich des 17. Februar 1945 auch die Archive der benachbarten Freireligiösen Gemeinde und des Amtsgerichts.

So sind es nur Fragmente aus einem langen Leben, die geblieben sind, Bruchstücke, die man heute zum Teil nur noch mit viel oder weniger Phantasie zu einem Ganzen zusammensetzen kann. Daher wird es im folgenden Text oftmals „vielleicht" und „wahrscheinlich" heißen.

Die einhundertfünfzig Jahre, innerhalb derer die Firma Kappus nun besteht, sind im Lauf der Geschichte eine kurze Spanne, ein Klacks. Theoretisch ist es nur ein Katzensprung aus dem Offenbach von 1848 in das des Jahres 1998: Vor bundesdeutschen Schreibmaschinen- und Computernutzern haben Hessisch-Darmtädtische, reichsdeutsche und später dann 'tausendjährige' Amtsmänner, Steuereintreiber, Standesbeamte und Archivare die Federkiele gespitzt und mit trockenem Rascheln alles, was ihnen unter die Augen kam, registriert, katalogisiert und für die Nachwelt aufgeschrieben.

Und nur dieser oft gescholtenen deutschen Dokumentationswut ist es zu danken, daß doch noch einige Akten und Papiere von den Flammen verschont geblieben sind. Sie sind, soweit in kirchlichen, städtischen und Landes-Archiven in Offenbach, Frankfurt, Darmstadt und Wiesbaden (und sogar in Leipziger, Wiener oder US-amerikanischen Bibliotheken) auffindbar, hier zusammengefaßt.

Im folgenden geht es auch um die Stadt Offenbach und die vielen Vereine und Organisationen, die von Johann Martin Kappus und allen seinen Nachkommen zum Teil mitgegründet und immer geprägt wurden. Weil alle diese „außerbetrieblichen" Interessen in direktem Zusammenhang mit den politischen Ereignissen der jeweiligen Ära zu sehen sind, und weil die Geschichte der Familie Kappus verflochten ist mit der Geschichte der Stadt Offenbach, spielen auch sie hier eine Rolle.

Da es im Text naturgemäß von Zahlen und Daten nur so wimmelt, wurde zugunsten der Lesbarkeit auf zusätzliche Augenfallen wie Fußnoten oder Textanmerkungen verzichtet. Ein Quellen- und Literaturverzeichnis findet sich im Anhang.

# TEIL 1

## DER GRÜNDER

## JOHANN MARTIN KAPPUS

# $\mathscr{W}$IE ES BEGANN

**VIER FRISCHGEBACKENE OFFEN-BACHER** Am 4. Dezember des Jahres 1820 kam Johann Martin Kappus als Sohn eines zugewanderten evangelischen Handwerkers in Offenbach zur Welt. Georg Philipp, der Vater, stammte aus Wörsdorf bei Idstein und war bei Martins Geburt 38, die Mutter Margarethe Weil, geborene Schütz, eine Offenbacherin, 32 Jahre alt. Sie war verwitwet, Philipp Kappus ihr zweiter Ehemann.

Das ist alles, was uns die Kirchenbücher über die Umstände der Familie zu diesem Zeitpunkt verraten. Wir wissen nicht, wo sie gewohnt

hat, denn solange er nicht die Bürgerrechte besaß, konnte Philipp Kappus auch kein Haus in Offenbach erwerben – vorausgesetzt, er hätte es sich überhaupt leisten können. Gab es Kinder aus der ersten Ehe der Mutter? War auch der Vater schon einmal verheiratet gewesen? Wir wissen es nicht.

Die Welt, in die der kleine Junge geboren wurde, kannte noch nicht die penible Registrierung jeder Einzelheit. Zeugnis von Geburt, Eheschließung und Tod gaben die Kirchenbücher, und auch sie waren nicht immer komplett. Einwohnerlisten existierten nur dazu, Besitz und damit mögliche Einnahmequellen für den Staat zu

*Offenbach im 19. Jahrhundert. Hinter dem mittelalterlichen Schloß rauchen die ersten Fabrikschornsteine.*

dokumentieren: Frauen, Kinder, Bewohner ohne Bürgerrechte und Eigentum tauchen in diesen außerkirchlichen Verzeichnissen gar nicht auf; auch durchaus ehrbare, arbeitende Leute wie Philipp Kappus und seine Familie lebten 1820 im gesellschaftlichen Nichts.

Doch diese Welt war im Begriff, sich mit geradezu besorgniserregender Geschwindigkeit zu verändern. 1812, acht Jahre vor Martins Geburt, waren die Offenbacher noch in Scharen zur letzten öffentlichen Hinrichtung aus der Stadt hinaus zum Galgen geströmt, der mitten im Feld stand, ungefähr dort, wo heute die Hermann-straße liegt. Die Enthauptung des „Schwarzen Konrad" war noch ein ganz und gar mittelalterliches Spektakel, ein Volksfest, das besonders viel weibliches Publikum anzog. 1827, als Martin ins Schulalter kam, riß man das Blutgerüst ab (wahrscheinlich sehr zum Bedauern der Bevölkerung, die eben erst begann, in derlei Dingen Empfindsamkeit zu entwickeln) und verkaufte die Sandsteinblöcke an einen Bauherrn, dessen Haus mitsamt dem eingebauten Galgen-Gestein in der Geleitstraße direkt neben jenem stand, in dem der aufstrebende „Parfümverfertiger" Johann Martin Kappus später wohnte und arbeitete.

*Die Einbürgerungs-urkunde für Georg Philipp Kappus und seine Familie (1825).*

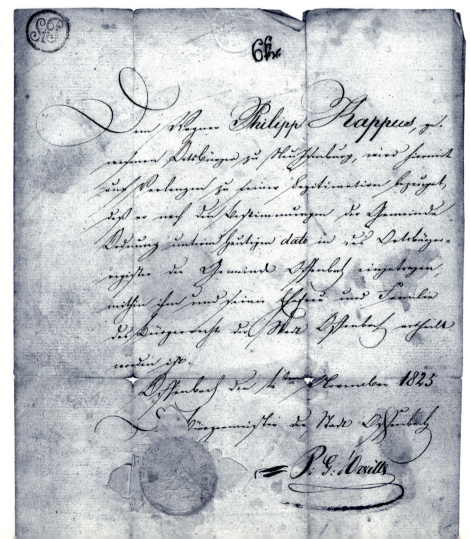

Bei Martins Geburt war es erst 25 Jahre her, daß der Isenburger Fürst Wolfgang Ernst II. die Leibeigenschaft in seinem Gebiet, somit auch in Offenbach, abgeschafft hatte; den Judenleibzoll gab es seit 1803 nicht mehr, und zum letztenmal wurde 1801 eine Zunft gegründet, die der Weißbinder. 1815 verloren die Isenburger die Stadt, für ein Jahr waren die Offenbacher Untertanen des Kaisers von Österreich, um schließlich, 1816, dem Großherzogtum Hessen-Darmstadt einverleibt zu werden. Als Martin sieben Jahre alt war, also 1827, begann in Offenbach die Gewerbefreiheit, und die Zeit der Zünfte gehörte endgültig der Vergangenheit an; eine Entwicklung, die für sein weiteres Leben einige Bedeutung haben sollte.

*Hinterhof in der Geleitsstraße
neben dem Haus der Familie Kappus.*

Zu diesem Zeitpunkt war die Familie Kappus einen großen sozialen Schritt weitergekommen: Am 1. November 1825 hatte Bürgermeister Peter Georg d'Orville schwungvoll seinen Namenszug unter die Urkunde gesetzt, worin dem Wagner Philipp Kappus, bis dato Bürger der Gemeinde Neu-Isenburg, samt Ehefrau und Familie die Offenbacher Bürgerrechte zuerkannt wurden. Zwischenzeitlich war die Familie um ein Mitglied gewachsen: Henriette, die 1823 zur Welt gekommen war.

Aus dem gleichen Jahr ist noch ein Dokument erhalten, ein Impfschein, der belegt, daß Martin Kappus am 14. Oktober 1823, einen Monat nach der Geburt seiner Schwester, eine Schutzpockenimpfung über sich ergehen lassen mußte. Wo die Familie zu diesem Zeitpunkt wohnte, ist nicht überliefert. Erst 1827, im Jahr, das die Ära der Zünfte und des Galgens been-

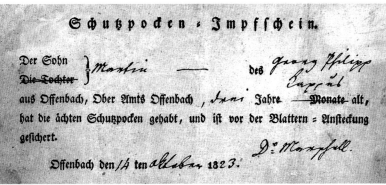

*Impfschein für den zweijährigen Sohn Martin.*

dete, taucht im Verzeichnis der Offenbacher Hausbesitzer erstmals der Name Kappus auf. Ein Johannes Kappus ist als Eigentümer des Hauses Marktstraße 12 registriert; wer er war und in welcher Beziehung er zu Philipp Kappus stand, wissen wir nicht.

Die Marktstraße gehörte zum alten Kern der Stadt, zu jenen dichtbewohnten Straßen und Gassen, die sich um das Schloß zum Main hin drängten. Ihre Namen sind den Offenbachern von heute immer noch vertraut: Sand-, Schloß- und Glockengasse, Kleiner und Großer Biergrund,

Kirchgasse und Fünfhäusergasse, Kleine und Große Marktstraße, Spitalgäßchen, Herrn- oder Neue Gasse, Französisches Gäßchen ... 1820 lebten die meisten der damals 6.200 Offenbacher dort, die feineren Leute hatten Adressen an der Dom- oder Canalstraße, im damaligen Westen der Stadt. Im Zentrum all dessen lag nach wie vor das Schloß, das den Isenburgern zwar noch gehörte, jedoch meistens nicht bewohnt war.

Noch immer stand der Adel an erster Stelle auch der städtischen Hierarchie, dicht gefolgt von wohlhabenden, im Lauf eines Jahrhunderts von Fabrikanten zu Feingeistern mutierten Angehörigen des Offenbacher Patriziats, Leuten wie den Andrés, Bernards oder d'Orvilles. Doch seit fünfzig, sechzig Jahren hatte der Bürgerstand mächtig aufgeholt, mehr und mehr Industriebetriebe hatten sich angesiedelt, eine Entwicklung, die noch lange nicht ihren Höhepunkt erreicht hatte.

Da gab es die große Schnupftabakfabrik der Gebrüder Bernard, die Rauchtabakfabrik von Krafft & Co und die Kutschenfabrik von Dick &

*Die Chaisenfabrik Dick & Kirschten auf dem Gelände der heutigen Parkstraße. Stich aus dem 19. Jahrhundert.*

Kirschten, „in welcher Reise-, Stadt- und Staatswagen angefertigt werden", mit mehr als 80 Beschäftigten und einem Absatz bis nach Rußland, Schweden, Dänemark und Holland. In kleineren Betrieben wurden lackierte Blechwaren, Lampen, Brieftaschen und Etuis, Fayence- und Steingutwaren, Wachslichter (und oftmals im Nebenprodukt eine Art Schmierseife) und vieles andere hergestellt.

Die Firma Dick & Kirschten, die in einem zeitgenössischen Reiseführer ausführlich beschrieben ist, könnte der Arbeitgeber von Philipp Kappus gewesen sein. Zu dem wenigen, was wir über ihn wissen, gehört, daß er als Wagnermeister in einer Kutschenfabrik arbeitete; und wenngleich es in den zwanziger Jahren des 19. Jahrhunderts in Offenbach einige Werkstätten gab, in denen Wagen und Karren gebaut wurden, so ist von einer zweiten Kutschenfabrik nichts bekannt.

Im Februar des Jahres 1831 wurde Christine geboren, die jüngste Schwester von Martin Kappus. Er war zu diesem Zeitpunkt zehn Jahre alt und ging zur Schule, höchstwahrscheinlich in eine konfessionelle evangelische Lehranstalt. Die sogenannte „Volksschule" wurde erst 1833 gegründet, im gleichen Jahr, in dem der oben erwähnte Johannes Kappus sein Haus in der Marktstraße verkaufte und umzog. Ab nun finden wir ihn unter der Adresse „V 50". „V" ist die zu dieser Zeit gebräuchliche alphabetische Kurzform eines Straßennamens im Offenbacher Einwohnerregi-

*Die Geleitsstraße um das Jahr 1900.*
*Hier wuchs Johann Martin Kappus auf.*

ster. Und ganz in der Nähe, in „V 36", taucht nun auch die Familie von Philipp Kappus auf. Das Kürzel „V" stand für die Geleitsstraße.

## DER ENGLISCHE UNTERNEHMER

„Der Wunsch (meines Vaters), nun doch noch als ein bereits Fünfzigjähriger ... einen festen, geordneten Beruf zu gründen, regte sich lebhafter. Äußere Verhältnisse förderten seine Ausführung. Mutters jüngere Schwester hatte während eines längeren Besuchs sich mit einem Handlungsbeflissenen von Offenbach verlobt, der ... mit seinen kaufmännischen Kenntnissen dem ... Engländer und baldigen Schwager helfend zur Seite treten konnte und dazu willig war."

Der Mann, der diese Zeilen als alter Herr in seinen „Lebenserinnerungen" (erschienen 1906 in Berlin) niederschrieb, hieß Hermann Dalton. Er war im Jahr 1833 in Offenbach zur Welt gekommen; sein Vater, der sich zu diesem Zeitpunkt noch Lawrence Dalton nannte – später deutschte er seinen Vornamen in 'Lorenz' ein -, war ein spät verheirateter und seßhaft gewordener englischer Abenteurer von einigem Wohlstand, der mit

seiner Familie in der Domstraße Nr. 19 lebte. Er wurde der Lehrherr des jungen Martin und ermöglichte so die Entwicklung, die 1848 zur Gründung der Seifenfabrik Kappus führte.

Bei ihm erhielt der heranwachsende Martin Kappus den entscheidenden Anstoß in Sachen Feinseife, der nicht nur sein eigenes Leben, sondern auch das seiner Nachfahren für die nächsten 150 Jahre bestimmte. 1834 war das Jahr, in dem diese Weichen gestellt wurden.

„Die Industrie", schreibt Hermann Dalton weiter, „(war) nach Offenbach durch die französischen Glaubensflüchtlinge gelangt. Worin die alte Heimat sich vor Deutschland auszeichnete, das hatten sie ... in die neue Heimat eingeführt, eigentümlicher Weise keiner unter den Ankömmlingen die Herstellung der schon im Zeitalter Ludwigs XIV. gepriesenen Salben und Essenzen. Vor etwa einem halben Jahrhundert (1787) hatte ein Deutscher die erste Seifensiederei am Ort angelegt; feinere Toiletten mußten nach wie vor von Frankreich ... um hohen Preis bezogen werden. Da konnte ein neues Unternehmen mit Aussicht auf Erfolg in die vorhandene Lücke eintreten.

Als ein ... Fachmann aus Frankreich gefunden und zur Übersiedelung nach Deutschland bereit war, entschloß sich Vater, zur Anlage zunächst einer kleinen Fabrik die Mittel herzugeben. Er war Eigentümer, der künftige Schwager kaufmännischer, der Franzose technischer Leiter ..."

Martin ging zu dieser Zeit in die Realschule, die am 21. April in der Herrnstraße ihren Betrieb aufgenommen hatte. Er war dreizehn (als im Dezember Geborener erscheint er immer ein Jahr 'jünger'), und es ist anzunehmen, daß seine Eltern sich allmählich Gedanken machten, was aus dem Jungen werden sollte. Daher ergriffen sie die Gelegenheit, als die neue Parfümerie- und Toiletteseifenmanufaktur einen Lehrling suchte. Es war ein kleiner Betrieb, in dem Martin das Handwerk ebenso wie das kaufmännische Element der Branche lernen konnte. Er beendete also sein Zwischenspiel als Realschüler, und der Ernst des Lebens begann.

**ENDE DES KAPITELS** „Kaum begonnen, erwies sich die Anlage in Offenbach als ungeeignet", führt Hermann Dalton weiter aus. „Wohl an keiner anderen Stelle zeigte sich in jenen Jahren die ganze Jämmerlichkeit und Zerfahrenheit deutscher Kleinstaaterei in so grellem Grade als in den Zollplackereien und Mautschranken, die jedes kleinste Ländchen wider die Nachbarn aufrichtete."

1828 hatte Preußen mit Hessen einen Zollverein geschlossen, von dem vor allem Mainz und Offenbach profitierten. Eine Zeitlang schien es fast, als könne Offenbach der immer neidvoll betrachteten prächtigen Nachbarstadt Frankfurt ernsthaft Konkurrenz machen. Offenbach hielt sogar seine eigene Messe ab, die florierte, solange sich die Frankfurter nicht entschließen konnten, dem Zollverein beizutreten.

Die Freie Stadt Frankfurt zögerte bis zum Januar 1836 mit dem Beitritt. Danach wurden allein von Anfang März bis Ende Mai 64 neue Firmen ins Frankfurter Handelsregister eingetragen, unter ihnen auch die Firma Dalton. Man verkaufte das Offenbacher Haus und siedelte im Sommer 1836 nach Frankfurt über.

Ob Martin Kappus, der mittlerweile seit anderthalb bis zwei Jahren das Handwerk erlernte, auch nach dem Umzug bei Dalton blieb, ist nicht mehr feststellbar. Alles spricht dafür, daß es so war; denn zu diesem Zeitpunkt kann er seine Ausbildung noch nicht hinter sich gehabt haben. Auch wissen wir nicht, ob er nach althergebrachter Lehrbuben-Manier im Hause des Meisters in Frankfurt lebte oder jeden Tag den Fußmarsch von Offenbach in die Frankfurter Münzgasse und zurück auf sich nahm. Letzteres wäre nicht ungewöhnlich, wie das Beispiel der vielen Arbeiter zeigt, die Jahrzehnte später täglich auf Schusters Rappen aus dem Rodgau in die Offenbacher Louisenstraße zur Firma Kappus gelangen sollten.

Als Lawrence Dalton in der Silvesternacht 1840/41 starb, war er finanziell ruiniert. Ein Freund in England hatte sein ganzes Vermögen veruntreut, und seiner Witwe blieb nichts übrig, als das Geschäft zu verkaufen. Mit Klavierstunden und Zimmervermietung hielt sie die Familie so lange über Wasser, bis die drei Kinder auf eigenen Füßen standen.

Auch im Leben von Martin Kappus war spätestens jetzt ein Kapitel zuende gegangen. Es ist überliefert, daß er nach Beendigung seiner Lehrzeit im Kontor einer Offenbacher Papierfabrik arbeitete; vielleicht war das die Firma F. A. Riesbeck am Linsenberg, der einzige Betrieb, der zu dieser Zeit im Adreßbuch als einschlägige „Fabrik" firmiert.

# $\mathcal{V}$ ORMÄRZ

**EUROPA IM UMBRUCH** Die vierziger Jahre des vorigen Jahrhunderts waren eine Zeit des Umbruchs. Überall in Europa erblühten neue Industrien; Eisenbahnen wurden gebaut, Dampfmaschinen aufgestellt, Bürger erwarben durch neue Handelsfreiheiten Reichtum und gesellschaftliche Geltung, von der sie noch ein halbes Jahrhundert zuvor nicht hätten träumen können. Das Bewußtsein der eigenen sozialen Lage und der der anderen erwachte; die Theorien des Kölner Journalisten Dr. Karl Marx machten die Runde, die schlesischen Weber revoltierten gegen die Übermacht der neuen Maschinen.

Gleichzeitig, während der Zollverein zumindest Teile des Landes bereits grenzübergreifend einte, regierten noch überall im Land in ihren Residenzen und kleinen Staaten die Könige und Fürsten wie eh und je. Wirtschaftliche Freiheit ja – in Offenbach gab es seit 1821 eine Handelskammer, seit 1827, wie bereits erwähnt, die Gewerbefreiheit –, persönliche Libertinage nein, war die Parole. Einerseits förderte die Regierung die Ansiedlung immer neuer Industrie und damit den Erwerb persönlichen Reichtums, andererseits sollte alles unter obrigkeitlicher Kontrolle und Maßregelung bleiben wie gehabt.

Dazu kam, daß überall in den deutschen Ländern der Ruf nach staatlicher Einheit laut wurde. In den napoleonischen Kriegen war ein 'pandeutsches' Bewußtsein erwacht, das die miefige Provinzialität und die Enge der deutschen Residenzen leid war. Das eine, aus allen Ländern gebildete Deutschland sollte es sein, vereint unter dem einen deutschen Kaiser. Gegen die Monarchie war, auch in Hessen, kaum jemand; aber die Bürger verlangten Mitspracherecht bei der Wahl ihrer Regierung.

In dieser aufgeheizten Atmosphäre, die sich schließlich 1848 in einem (recht moderaten) Gewitter entladen sollte, gedieh seit spätestens Mitte des Jahrzehnts manches zur Blüte, was sich zuvor gar nicht hätte entwickeln können. Die „einfachen" Bürger, argwöhnisch beobachtet von ihrer stets präsenten Obrigkeit, schlossen sich zu Vereinen zusammen, in denen es um die politische Aufklärung des einzelnen ging, sie übernahmen, wo es möglich war, neue Verantwortung, und sie rüttelten sogar an den Festen der Kirche.

„Vereinfachend möchte man sagen", schreibt Golo Mann, „die Zeit vor 1848 war die Zeit der Ideen, die Revolution von 1848/49 der ... Versuch ..., politische Ideen zu verwirklichen.

Nach dem Scheitern dieses Versuchs begann, in den fünfziger Jahren, das Zeitalter der Verwirklichungen." Genau so, fast ohne Abstriche, könnte das Leben von Martin Kappus in jenen bewegten Jahren überschrieben werden. Er war ein Kind seiner Zeit, und wer ihn heute begreifen, seinen Weg nachvollziehen will, kommt nicht umhin, sich mit dem Geschehen dieser Tage zu beschäftigen.

Martin Kappus wurde im Lauf des Dezenniums zum „Achtundvierziger" per se; und als solcher hat er sich für den Rest seines langen Lebens selbst verstanden. Als ein Niemand war der Zwanzigjährige in dieses Jahrzehnt gegangen; im Jahr 1850 jedoch, in dem er dreißig wurde, war er ein Mann, den in Offenbach jeder kannte.

Der Bekanntheitsgrad, den der Name Kappus damals gewonnen hatte, ist allerdings nicht darauf zurückzuführen, daß er 1848 den Schritt in die Selbständigkeit gewagt hatte und seither eine kleine Seifenfabrikation betrieb. Hier war er nur einer unter vielen, und wer hätte schließlich ahnen können, daß gerade dieser Betrieb alle anderen überleben sollte? Mehr noch, wer hätte allen Ernstes daran geglaubt, daß der Neue einmal ernstzunehmende Konkurrenz für die Firma von Carl Naumann werden könnte? Die Firma Naumann, der größte Seifenhersteller am Platz, existierte schon seit 1843, fertigte nach den neuesten Methoden – und sie hatte einen Dampfkessel. Davon konnte jemand, der wie Martin Kappus gerade eben den Fuß ins kalte Wasser des freien Marktes setzte, nicht einmal träumen.

Martin war zwölf, als in der Baumwollspinnerei J. C. Hauff in der Kirchgasse 19 eine Dampfmaschine aufgestellt wurde, die erste in der Stadt (die großherzogliche Regierung zahlte dem Fabrikanten dafür eine Prämie von 1.500 fl.). Sie

sollte nicht lange eine Besonderheit bleiben, drei Jahrzehnte später waren es bereits 115 dieser technischen Dinosaurier, die Offenbach mit ihrem Lärm erfüllten. Mehr und mehr Industriebetriebe siedelten sich an, Offenbach wurde zur Fabrikstadt, und die sozialen Gegensätze vertieften sich. In den vierziger Jahren gab es bereits 23 Lederfabriken mit insgesamt 664 Beschäftigten; aber nach wie vor arbeiteten in der gleichen Branche fast ebensoviele Handwerksbetriebe.

1846 veranstaltete die Offenbacher Sektion des Hessischen Landesgewerbevereins zum erstenmal eine Gewerbe-Ausstellung, an der sich 250 ansässige Betriebe beteiligten. Zu diesem Anlaß gab es eine weitere Premiere: Als Novität erschien, herausgegeben von G. Walter, ein Adreßbuch, in dem allerdings nur „Geschäfts-Adressen" veröffentlicht wurden. Unter der Überschrift „Seifen- und Lichtefabriken" finden sich hier folgende Namen:

~ Becker, Johannes, Geleitsstraße
~ Becker, Gg., Biergrund
~ Diehler, Ph. Jak., Stearinlichte- u. Ölseifefabrik, Frankfurterstraße
~ Dürkheim, Wolf, Geleitsstraße
~ Gerhardt, M., Herrnstraße
~ Naumann, K. Chr. O., Fabrik aller Sorten Talg- u. Öl-Seifen, Canalstraße
~ Fleischmann, Wilh., Stearin, Wachslichte- u. Ölseifenfabrik, Allee
~ Perelet, Franz, Biergrund
~ Selzer, Konr., Große Marktstraße
~ Susewind, Eduard, Linsenberg,
~ Vaubel, Karl, Biergrund,
~ Hesse, S. Wittwe, Seife- und Lichtehandlung, Biergrund.

Im April des Jahres 1847 nahm die Fabrik von Johann David Stiefel den Betrieb auf, die sich bald auf medizinische Seifen spezialisierte. Die Firma, die heute noch existiert, hat ihren Hauptsitz seit Kriegsende in den USA, ist jedoch seit 1963 auch wieder in Offenbach ansässig.

Dreizehn Konkurrenten – mindestens – waren also bereits längst mit dem Rühren und Verkaufen von Seife beschäftigt, als Martin Kappus im Jahr 1848 mit seiner Fabrikation in der Geleitsstraße 36 begann.

Er legte damit den Grundstein für ein Unternehmen, das die nächsten hundertfünfzig Jahre prosperierend überleben sollte, aber das konnte zu diesem Zeitpunkt noch niemand wissen. Denn seine Firma baute er quasi „nebenbei" auf; das genaue Gründungsdatum der Seifenfabrik Kappus ist heute vergessen.

Das scheint in späterer Zeit zu Unklarheiten geführt zu haben, die Martins Sohn und Nachfolger Ludwig Kappus im Jahr 1923 mit einer eidesstattlichen Erklärung beilegte.

Am 17. Februar 1923 erklärte er vor dem Offenbacher Notar Dr. Max Goldschmidt: „Mein Vater, an dessen Erinnerungskraft und Glaubwürdigkeit nicht zu zweifeln ist, ... hat mir und seinen übrigen Kindern oft erzählt, daß er das Geschäft im Jahr 1848 gegründet habe ... Eine Eintragung im Handelsregister konnte damals nicht erfolgen, weil ein solches meines Wissens noch nicht bestand. Die Angaben ... werden auch unterstützt durch Einträge in Geschäftsbüchern und Aufzeichnungen, beide von seiner Hand herrührend, welche bis zum Januar 1849 zurückführen. Ich versichere die Richtigkeit meiner Angaben an Eides statt und lege diese Geschäftsbücher und Aufzeichnungen ... hiermit vor."

Ludwig Kappus übergab dem Notar „zwei heftartige Bücher, welche als Kontokorrent und Kassabuch bezeichnet werden mögen und eine Reihe von Aufzeichnungen. Dieselben sind sauber und gut geführt. (Sie) enthalten Einträge, deren ältester das Datum 22. Januar 1849 trägt und den Bezug von 200 Flacons zum Gegenstand hat. Nach den Einträgen muß Martin Kappus Stoffe und insbesondere Öle und Verpackungsgegenstände, die zum Handel und zur Fabrikation von Parfümerien und Seifen erforderlich sind, in größeren Mengen bezogen haben." (Dr. Goldschmidt)

Doch es waren, wie gesagt, nicht Martin Kappus' erste Aktivitäten als Fabrikant (oder „Parfümverfertiger", wie er sich selbst bezeichnete), sondern sein politischer Einsatz, der den jungen Mann zur bekannten Persönlichkeit in seiner Vaterstadt machte.

**URZELLEN DER DEMOKRATIE** Die 1848er Revolution in Deutschland wurde nicht aus dem Elend der Unterklassen geboren. In erster Linie wollten nicht sie die Verhältnisse im Land mit Macht verändern, sondern die Besitzenden, jene, die schon wohlhabend waren oder die, die auf dem Weg dazu waren: die Aufsteiger, die Schicht, der Martin Kappus angehörte.

Gerade sie, die Risikofreudigen und Kreativen, wollten sich nicht mehr damit begnügen, einerseits Hätschelkinder einer wohlwollenden Obrigkeit zu sein (man denke an die 1.500 fl. Belohnung für eine Dampfmaschine), und andererseits in all ihren Lebensäußerungen als Untertanen gegängelt und gemaßregelt zu werden. Rechte und Linke zogen für eine Weile am gleichen Strang, beide Elemente waren gleichermaßen an der 'Märzrevolution' beteiligt, kurz – das Bürgertum emanzipierte sich, und die Weichen dazu wurden auch in den Vereinen gestellt.

**DER TURNVEREIN**  Uns mag es heutzutage verwunderlich erscheinen, aber eine Keimzelle politischen Denkens und erwachenden Protestes waren die Turnvereine.

Nach dem napoleonischen Befreiungskrieg von 1813 bis 1815, in dem die Deutschen sich erstmals als ein Volk und eine wehrfähige Gemeinschaft empfunden hatten, war die Idee des Turnens entstanden; durch die körperliche Ertüchtigung sollte die Kraft des Volkes gestärkt werden. Es versteht sich von selbst, daß diese Körperertüchtigung einzig dem wehrfähigen, also dem männlichen Teil des Volkes zugedacht war, das gleiche gilt auch für die Begriffe „Freiheit" und „Gerechtigkeit", von denen im Jahr 1848 soviel die Rede sein sollte.

Das Turnen war in Offenbach bis Anfang der vierziger Jahre verboten. Zwar hatte es schon längst inoffiziell Turnunterricht gegeben, und es gab Turnplätze und -gruppen seit den zwanziger Jahren, „inoffiziell" erteilte Georg Willhelm Bode Turnunterricht, aber die offizielle Genehmigung zum Erteilen von Schul-Lektionen in Leibesübung ließ sich der Landesherr erst 1843 abringen. Damit nahm er ein Charakteristikum vorweg, das die Märztage von 1848 in Deutschland kennzeichnen sollte: Die „erlaubte" Freiheit. Aber davon später mehr.

1843 also kam es zur Gründung des Offenbacher Turnvereins. In diesem Jahr heiratete Martins Schwester Henriette den Kappenmacher Peter Schwerer, und Margarethe Kappus, seine Mutter, hatte noch zwei Jahre zu leben. Martin Kappus war zweiundzwanzig Jahre alt, arbeitete in der Papierfabrik, experimentierte in seiner Freizeit mit Parfüms und Essenzen und war dabei, als sich der Verein selbst gründete und sich eine demokratische Satzung gab, so, wie es bei der gesamten deutschen Turnerbewegung üblich war. Am 23. August versammelten sich die Mitglieder und wählten Christian Herchenröder, der den Anstoß zur Gründung gegeben hatte, zu ihrem ersten Vorsitzenden. Drei Jahre später übernahm Martin Kappus den Vorsitz. Er sollte dieses Amt 51 Jahre lang innehaben.

## Privat = Anzeigen.

### Aufforderung.

(1290)  Nächsten Sonntag den 6. August wird dem unterzeichneten Vereine von hiesigen Jungfrauen eine Fahne überreicht werden.  Die Ueberreichung findet Statt Mittags 1 Uhr auf dem Turnplatze hinter dem Lagerhaus.

Mittags 3 Uhr:  Zug in den Wald zwischen dem Franzborn und dem Buchrainweiher zur Belustigung.

Es werden dieser Festlichkeit von verschiedenen Orten Turner beiwohnen, die wir theils zu Mittagstisch, theils aber auch zur Beherbergung einladen müssen.

Da der Verein vielleicht die ankommenden Gäste nicht alle selbst gastlich aufzunehmen vermag, so ersuchen wir diejenigen hiesigen Einwohner, welche Fremde aufzunehmen bereit sind, sich bis längstens Samstag Abend zu melden,
bei Metzger Wagner, Schloßstraße,
„  M. Klein,  Biergrund,
„  R. Anspach, Domstraße (3 Königen),
„  M. Kappus,  Geleitstraße.
Für den Turnverein
M. Kappus.

*Aus dem „Offenbacher Intelligenzblatt"*
*vom 4.8.1848.*

Am 20. Juli 1846 wählte die Hauptversammlung des Turnvereins einen neuen Vorstand. „Martin Kappus", heißt es in einer Dokumentation über den Turnverein, „übernahm das Amt des Vorsitzenden und des Turnwarts. Das war deshalb bedeutsam, weil die Turnerei stürmischen Zeiten entgegenging und … einer klugen und geschickten Führung bedurfte."

In diesem Jahr hatte der Turnverein 80 Mitglieder, die meisten waren Handwerker und Kaufleute. Die Stadt stellte dem Verein kostenlos einen Sommerturnplatz zur Verfügung. Er lag hinter dem Lagerhaus, dem heutigen Ledermuseum, dort, wo heute die Firma Kappus an die Ludwigstraße grenzt. Im Jahr darauf verbot der Großherzog Turnerei und Turnverein in Offenbach.

Mit steigendem Argwohn hatten die Behörden den allwöchentlichen Versammlungen des Turnvereins zugesehen. Jeden Freitag trafen sich jetzt die Offenbacher Turner und lauschten politischen Vorträgen oder diskutierten einschlägige Themen, anstatt Körperertüchtigung zu betreiben. Sie hatten sogar eine eigene Bibliothek mit allem, was es damals an politisch brisanter Lektüre gab; die Bücher waren so gefährlich, daß sie vor der Polizei versteckt wurden. Dies und die Tatsache, daß sich die Offenbacher ständig mit auswärtigen Turnern trafen, darunter Radikale und Anarchisten wie die Hanauer, war zuviel: Am 2. Juli 47 wurde Martin Kappus vor den Polizeikommissär Rover befohlen, der das Verbot des großherzoglichen Ministeriums des Inneren auf den Tisch legte: Der Turnverein war aufgelöst, alle gemeinsamen körperlichen Übungen, Aufzüge, Festlichkeiten und Turnfahrten waren verboten.

Alle Proteste fruchteten nichts. Der Verein blieb verboten bis zum 5. März 1848, als die deutschen Fürsten begonnen hatten, alles zu erlauben. Bis es soweit war, ging man in den Untergrund. Martin Kappus, mit dessen Musikalität es nicht weit her gewesen sein kann (der einzige Verein aus dem Umkreis des Turnvereins, dem er niemals beitrat, war der Gesangsverein), Martin Kappus also gründete einen „Singverein", der nur dazu da war, heimlich weiterzuturnen und zu debattieren.

## DIE FREIWILLIGE FEUERWEHR

„Es war auf Fastnacht-Dienstag, am 4. Februar 1845. Gegen 10 1/2 Uhr vormittags läuten plötzlich die Sturmglocken und der Schreckensruf 'Feuer!' ertönt binnen kurzer Zeit in allen Straßen und Gassen. Eiligst begeben sich die geängstigten Bewohner, darunter auch fast alle Mitglieder des … Turnvereins, nach der Brandstätte, der Lederfabrik des Herrn Philipp Jakob Spicharz in der Obermainstraße, woselbst ein mächtiger Strohhaufen …, Eigenthum des Herrn Oekonomen H. Seel, in hellen Flammen stand.

Mit vieler Mühe drücken einige Männer eine Spritze herbei, welche Eigenthum der Herren Gebrüder Bernard war. Da … rasche Hilfe sehr noth thut … bemächtigen sich die jungen Turner, deren Thun und Treiben ja stets darauf hinauszielte, sich … der Allgemeinheit nützlich zu erweisen, der Spritze und greifen ein … – die freiwillige Turner-Feuerwehr war auf der Brandstätte … gegründet worden."

Als der Realschullehrer Ludwig Stahl „im Auftrag des Comandos" 1895 diese Begebenheit in seiner Festschrift zum fünfzigjährigen Jubiläum beschrieb, war Johann Martin Kappus im 75. Lebensjahr. Es war erst sieben Jahre her, daß er sein Amt als Oberkommandant der Feuerwehr aus

*Der Feuerwehrkommandant mit dem Orden*
*Philipps des Großmütigen (1888).*

Altersgründen niedergelegt hatte. Bei dieser Gelegenheit hatte ihn die Stadt Offenbach 1888 zu ihrem Ehrenbürger gemacht.

An diesem kalten Februarmorgen des Jahres 1845, als er zusammen mit seinen Turnerfreunden in die Obermainstraße eilte, um einen brennenden Strohhaufen zu löschen, war er noch weit entfernt von solchen Ehren und Würden. Er war ein junger Mann von 24 Jahren, der dabei war, sich seinen Platz im Leben zu erobern. Vielleicht hat er sich Sorgen um seine Mutter gemacht, die im Mai des Jahres sterben sollte. Er wohnte für die nächsten Jahre nur noch mit dem Vater und der vierzehnjährigen Schwester Christine zusammen; Henriette, die vor anderthalb Jahren geheiratet hatte, war gerade Mutter eines Sohnes geworden.

Ludwig Stahl, der Chronist der späteren Zeit, zählt insgesamt 38 Namen von Männern auf, die als Gründer der Freiwilligen Feuerwehr gelten. Zu den bekannteren gehören Christian Herchenröder, zu dieser Zeit Vorsitzender des Turnvereins und Carl Buß, der Turner, der am ersten deutschen Demokratenkongreß teilnahm. Zu zwei anderen Mitgründern sollte Martin Kappus familiäre Bindungen entwickeln: Zu Jean Mehl, seinem späteren Schwager und zu Adolf Lachmann, dem Mann, den seine zweite Schwester, Christine,

einmal heiraten sollte und dessen Enkel das Offenbacher Bankhaus Hengst gründeten.

Noch im Gründungsjahr der Feuerwehr bewies Martin Kappus seinen praktischen Verstand: „Bei Ausbruch eines Brandes", erzählt Stahl, „mußten alle … gleich, wo es brannte und wo sie wohnten, erst in die Herrnstraße an den Standort der Spritze. Um nun unnöthiges Laufen zu vermeiden, Zeit zu gewinnen und möglichst rasch in großer Zahl auf der Brandstelle zu sein, wurde auf den Vorschlag von Kappus die praktische Einrichtung getroffen, zum Zeichen, daß die Spritze bereits abgefahren sei, am Spritzenhaus in der Herrnstraße während des Tages eine Fahne und während der Nacht eine rothe Laterne auszuhängen."

Bis 1848, so Ludwig Stahl, habe es keinen eigentlichen Kommandanten gegeben: „Martin Kappus, seit 1846 der Vorsitzende und Turnwart des Turnvereins, war … moralisch der Führer und Commandant, er unterzeichnete auch die Einladungen zu den Spritzenproben und Feuerwehrversammlungen."

**DIE DEUTSCH-KATHOLISCHE KIRCHE** Einmal, als älterer Herr, soll Martin Kappus erklärt haben, warum er, der ursprünglich Evangelische, der freireligiösen Gemeinde beigetreten sei. „Ei", soll er gesagt und dabei einen bedeutsamen Blick auf seine große

Kinderschar geworfen haben, „wenn ich für die alle Kirchensteuer zahlen sollte, könnt ich mir ja einen eigenen Pfarrer halten ..." Das ist sicher eine nette Anekdote, die vielleicht sogar ein wenig von seinem Charakter widerspiegelt, aber wahr ist sie nicht. Magdalene Wagner, die spätere Mutter dieser Kinder, war gerade fünf Jahre alt, als die deutsch-katholische (später freireligiös genannte) Gemeinde in Offenbach entstand, und Martin Kappus, damals 24, war von Anfang an dabei.

Manche Historiker sehen in der Konstitution der deutsch-katholischen Gemeinde eine konfessionelle Revolte, eine Art Vorübung für 1848. Sicher ist, daß ihr das ideelle Gedankengut der Märzrevolution eignete; Tatsache auch, daß die meisten der bekannten 48er in Offenbach zu ihren Mitgliedern zählten. 'Bürgerlich' orientierte Männer wie Lorenz Diefenbach, der später ins Frankfurter Vorparlament einziehen sollte, und Joseph Pirazzi, einer der geistigen Väter der 48er Ideen und Gründer der neuen Gemeinde, zählten ebenso zu ihrem Umkreis wie der 'rote' Philipp Wagner, Offenbachs linker Erzrevolutionär, Georg Wilhelm Bode, der Offenbacher Turnvater und erste Oberkommandant der Feuerwehr und eben Martin Kappus als jüngster und – abgesehen natürlich von Wagner – stürmischster von allen.

Die Deutsch-Katholiken, zu denen auch die ursprünglich protestantischen „Lichtfreunde" gehörten, hatten sich das Ziel gesetzt, die Kirche von allem Firlefanz zu befreien; die Religion sollte im Licht der Vernunft gesehen werden; im Grunde machten sie, so paradox es klingen mag, die Glaubensfreiheit zur Maxime ihrer Gemeinschaft. Freiheit, Unabhängigkeit und Selbstbestimmung des einzelnen waren ihr Ideal; genauso lauteten ein paar Jahre später, in den meisten Fällen ohnehin in Personalunion, die politischen Forderungen der 48er.

Die neue Glaubensgemeinschaft war von Anbeginn politisch klar definiert; interessanterweise einte sie Fraktionen, die später, auf anderer Ebene, einander nicht mehr wohl wollten. Im damaligen politischen Spektrum dürfte Martin Kappus zu den Linksliberalen gezählt haben, das zeigt auch sein späteres Engagement in der Volkskommission und dem Vaterländischen Verein.

Der erste deutsch-katholische Gottesdienst fand im Freien statt, später traf man sich im Lagerhaus der Firma Böhm & Marchand. 1846 begann man mit der Planung des Gotteshauses, das heute noch am Schillerplatz steht, auf einem Grundstück, das aus der Luft wie ein Stück Torte aussieht, das aus dem Areal der Firma Kappus geschnitten wurde.

Martin Kappus habe, besagt eine weitere Offenbacher Legende, der Gemeinde diesen Grund und Boden überlassen. Abgesehen davon, daß er im Tausch gegen die Kirchensteuer für seine Kinder da ein schlechtes Geschäft gemacht hätte – wie hätte er das anstellen sollen? Er war zu diesem Zeitpunkt 25 Jahre alt und alles andere als reich. Es sollte noch beinahe zehn Jahre dauern, bis er es sich leisten konnte, das kleine Grundstück in der Louisenstraße zu kaufen, aus dem im Lauf der Zeit ein ansehnliches Gelände werden sollte, das schließlich so groß war, daß es die Kirche der freireligiösen Gemeinde umschloß.

## Deutschkatholische Freireligiöse Gemeinde

### Zur Erinnerung an die Jugendweihe

für

**Martin Kappus.**

#### Wer rastet, rostet.

Ein altes Wort, ein gutes Wort —
Hall's im Gedächtnis fort und fort,
Präg' tief es deinem Herzen ein —
Es wird zu deinem Segen sein:
    Wer rastet, rostet.

Nach schwerer Arbeit Rast und Ruh
Bedarf ein jeder Mensch, auch du:
Doch ruhst und rastest du zu viel,
So kommst du niemals an das Ziel,
    Wer rastet, rostet.

Geh' auch nicht alten Schlendrian —
Das ist nicht gut und wolgetan!
Die Welt geht vorwärts, Schritt vor Schritt,
Schreit' unermüdet vorwärts mit!
    Wer rastet, rostet.

Und auch im Denken raste nicht!
Dein Wahlspruch sei: Mehr Licht! mehr Licht!
Der blinde Glaube bringt kein Heil,
Bestärkt nur Wahn und Vorurteil.
    Wer rastet, rostet.

Und willst ein edler Mensch du sein,
So halte Herz und Sinn dir rein!
Und zügle Trieb und Leidenschaft
Mit deiner ganzen Willenskraft!
    Wer rastet, rostet.

Zum wahren Heil es der nur bringt,
Der mit sich selber kämpft und ringt.
Erkämpf es dir, erring' es dir!
Nur rüstig vorwärts für und für!
    Wer rastet, rostet.

Prediger
der Gemeinde.

Vorsitzender
der Gemeinde.

Eisenbach Osterfesttage (1. April 1882)

J. M. Hirschmann Offenbach a/M.

*Jugendweihe-Urkunde für Martin, Johann Martin Kappus' dritten Sohn (ca. 1886).*
*Rechts die Unterschrift des Vaters als Gemeindevorstand.*

# KAPITEL 3

# DER ACHTUNDVIERZIGER

**DIE EISENBAHN WIRD GEKAPERT**
„Die 'Märzrevolution' in Deutschland war überwiegend friedlich. Was die dynastisch-staatlichen Bürokratien jahrzehntelang verweigert hatten, wurde nun ... plötzlich bewilligt: Presse- und Versammlungsfreiheit, Geschworenengerichte, 'Bürgerwehr', Reform des Wahlrechtes, wo es eines gab; die Ernennung populärer Minister. 'Alles bewilligt!' war die freudig wiederholte Botschaft; die Fürsten bewilligten, wenn man so sagen darf, die Freiheit, wobei sie in dem Bewußtsein handelten, einer gleichfalls vielberufenen Macht, dem 'Zeitgeist' nachzugeben; es dankte ihnen der verbrüdernde Jubel ihrer Untertanen, die nun keine bloßen Untertanen, sondern eine Art von Mitbürgern sein sollten.

In dem 'erlaubten', friedlichen Charakter der Reform lag auch eine Gefährdung, ein Element der Irrealität; es wurde dem Bürgertum jede Lust zur Gewalttat, die an sich gering war, genommen, und es wurden die revolutionären Energien, die trotz allem auch in Deutschland damals vorhanden waren, isoliert und paralysiert. Die Monarchen, hätten sie mit List und planvoller Tücke gehandelt, hätten im Grunde nichts Klügeres tun können, als zunächst 'alles zu bewilligen', um ein Jahr später das meiste wieder zurückzunehmen.

Der revolutionäre Stoß, an sich schwach, ging ins Leere, weil die alten Mächte ihm auswichen und Versöhnung spielten.

Aber sie selber wußten das nicht, es war Sache des Instinkts, nicht des Planens, und zwar von beiden Seiten: 'Revolution' liegt den Deutschen nicht, ihr Sinn für Legalität, für Rechtskontinuität war ein sehr stark ausgeprägter damals wie später." (Golo Mann)

Die dumpfe Unruhe, die sich in ganz Europa zusammengebraut hatte, war übergekocht, als im Februar 1848 die Franzosen ihren König Louis Philippe entthronten und verjagten. Der Monarch floh nach England, und die Revolution schwappte über den Kontinent. Anfang März hatte die Welle auch Hessen-Darmstadt erreicht, und sie fegte den verhaßten Ministerpräsidenten und Repräsentanten des alten Regimes, du Thil, weg. An seine Stelle trat der liberale Heinrich von Gagern, der, genau wie von Golo Mann geschildert, umgehend die dringlichsten „Märzforderungen" bewilligte. Zum Mitregenten wurde Erbgroßherzog Ludwig ernannt, der Wunschkandidat des Volkes.

Die deutschen Fürsten regierten von nun an nicht mehr von Gottes Gnaden, sondern von „Verfassungs Gnaden", auch wenn die Verfassungen anders aussahen, als es sich die Revolutionäre vorgestellt hatten.

Am 6. März konnten die Offenbacher lesen, welche neuen Freiheiten sie von nun an genießen sollten; überall in der Stadt hingen Plakate mit dem Text des Regierungsediktes, das von Gagern und der Mitregent unterzeichnet hatten. Das Offenbacher Wochenblatt, das erst vier Tage später herauskam, veröffentlichte den Erlaß natürlich auch, aber viel zu spät: Als die Zeitung erschien, kannten die Leute den Erlaß schon auswendig.

Ludwig (der zunächst heuchlerisch betont, welchen Schmerz es ihm bereite, daß sein Vater aus Altersgründen fortan seine Unterstützung benötige) und sein Minister legten ihrem Volk einen umfangreichen Bewilligungskatalog vor:

„Was zur Gewähr politischer und bürgerlicher Freiheit gehört, soll unserem Volke nicht vorenthalten bleiben", heißt es da. Die Bürger sollen bei der „Leitung der Landesangelegenheiten"

künftig mitwirken, das Petitionsrecht frei ausgeübt werden können, das Militär umgehend auf die Verfassung vereidigt werden, und:

„Die Presse ist frei, die Censur hiermit aufgehoben. Wir werden ... eine allgemeine Volksbewaffnung in Vorschlag bringen lassen. Die Ausübung aller religiösen Culten ist gestattet."

Die Ankündigung dieser umwälzenden Erneuerungen legt heute den Schluß nahe, am 6. März 1848 sei eine Art Revolution von oben geschehen. Denn die Unterzeichner gingen noch weiter: Man habe die Überzeugung gewonnen, daß eine Nationalversammlung zur „Erstarkung Deutschlands wesentlich beitragen wird", und man teile den Wunsch des Volkes nach einer einheitlichen Gesetzgebung in ganz Deutschland. Das scharfe Polizeistrafgesetz, das der hessische Großherzog erst 1847 erlassen hatte, sollte wieder zurückgenommen werden.

Als die Offenbacher das Plakat lasen, war der Jubel groß. Die Lektüre verhieß ungeahnte, nie gekannte Freiheiten; aber die Leser fanden einige Offenbacher Anliegen unberücksichtigt; eine Delegation machte sich auf nach Darmstadt,

vordergründig, um diese Forderungen dort vorzutragen, in Wahrheit aber wohl, weil man die Sensationen des Machtwechsels aus nächster Nähe miterleben wollte. Während diese Gruppe, zu der Joseph Pirazzi gehörte, unterwegs war, ernannte man zuhause noch am gleichen Tag Lorenz Diefenbach zum Ehrenbürger.

Die nächste Sensation war dann die Rückkehr der Delegation am folgenden Tag. Die Stadt feierte den Anbruch eines neuen Zeitalters: Wildfremde Menschen fielen einander auf offener Straße um den Hals, und man bejubelte die Heimkehrer wie die siegreichen Helden einer Schlacht. Sie hatten tatsächlich einen Sieg errungen: Zwar waren sie im Trubel, der in Darmstadt herrschte, gar nicht zu Wort gekommen, aber sie hatten auf dem Rückweg mannhaft einen Zustand beendet, der typisch war für die Zersplitterung Deutschlands zu der Zeit, die nun beendet sein sollte: Sie waren mit der Eisenbahn von Sachsenhausen nach Offenbach gefahren.

*Eine Seife zu Ehren der „Elektrischen".*
*Seit der Kapernfahrt 1848 hatte Johann Martin Kappus eine Schwäche für Eisen- und Straßenbahnen.*

Die Bahnverbindung, längst fertiggebaut, war immer noch nicht in Betrieb, weil sich die Frankfurter mit den hessisch regierten Offenbachern über den Modus nicht hatten einigen können. Die Delegation habe kurzen Prozeß gemacht, erzählte man sich jetzt in Offenbach, und die Fahrt erzwungen; ja, man sei sogar einfach durch den Lattenzaun gefahren, der den Sachsenhäuser Bahnhof versperrte. Zwei Wochen lang sollen die Offenbacher anschließend kostenlos nach Sachsenhausen gefahren sein, bis die Lokalbahn endlich legitimiert und die Fahrt damit kostenpflichtig wurde. (Viele Jahre später produzierte Martin Kappus zur Erinnerung an diese Begebenheit eine „Lokalbahn"-Seife.)

Das Kapern der Eisenbahn, das Feiern auf der Straße, der stetige Kontakt zum nahen Frankfurt, wo sich all die aufregenden Ereignisse um die Nationalversammlung abspielten und ein großes Fest, das am 19. März eine riesige Volksmenge auf die Beine brachte und an dem neben vielen anderen auch die Turner teilnahmen – das alles vereinte in den ersten Märzwochen die Offenbacher. Noch herrschte Harmonie, doch schon bald sollte sich zeigen, daß die Bürger unterschiedliche Interessen und Ziele hatten. Es entwickelte sich ein politisches Spektrum von ultralinks bis rechtsaußen, wie man es zuvor in Offenbach nie gekannt hatte.

Die ersten Geplänkel fanden statt. „Einige scheinen die Freiheit nicht recht zu vertragen", schrieb die Zeitung, die am 1. April ihren Namen von 'Wochen'- in 'Intelligenzblatt' änderte. Am 21. März warnte Minister von Gagern in einem Appell die Bevölkerung, Freiheit nicht mit Gesetzlosigkeit zu verwechseln. Eine Volksversammlung nach der anderen fand statt, Ordnung oder

Legitimation standen nicht dahinter. Um das drohende Chaos abzuwenden und die politischen Energien in geregelte Bahnen zu lenken, wurde auf einer dieser Versammlungen, am 25. März, beschlossen, eine Volkskommission als übergeordnete Instanz einzurichten. Die Versammelten bestimmten einen provisorischen Ausschuß, der die Wahl für diese Kommission organisieren sollte; und diese Männer waren Lorenz Diefenbach, Friedrich Eck, Joseph Pirazzi, Georg Wilhelm Bode und Martin Kappus, dessen Engagement für die Volkskommission damit auch endete. In den Ausschuß wurde er nicht gewählt, Vorsitzender wurde Lorenz Diefenbach.

**DEMOKRATEN KONTRA DEMO-KRATEN** Die politischen Gräben, die die eben noch im Protest geeinten Offenbacher trennten, brachen nach dem 20. April auf, nachdem ein Aufstand in Baden, wo die Linke eine Republik ausgerufen hatte, von Regierungstruppen niedergeknüppelt worden war. Die Reaktion in ganz Deutschland war groß, aber nicht einstimmig: Sahen die einen die Volkssouveränität in den Schmutz gezogen, so atmeten die anderen erleichtert auf, froh, der republikanischen Anarchie entkommen zu sein.

Ein Spiegelbild dieser gesellschaftlichen Entwicklung war Offenbach, von wo zwei gänzlich gegensätzliche Petitionen, von insgesamt 850 Bürgern unterschrieben, an das Frankfurter Vorparlament überbracht wurden, die beiden einzigen Petitionen aus dem Großherzogtum Hessen überhaupt.

In der ersten Petition vom 27. April heißt es: „In Folge der Souveränität hat jeder Mann das Recht, seine Regierungsform selbst festzustellen.

Dieses Recht ist verletzt worden! ... Wir als freie deutsche Männer protestieren mit aller Entschiedenheit gegen dieses Vorgehen. Will das badische Volk in seiner Mehrheit die Republik, so hat es das Recht, seinen Willen auszuführen ... Mit Waffengewalt dagegen einschreiten, heißt, die Volkssouveränität mit Füßen treten." 400 Offenbacher unterzeichneten dieses Schreiben, unter ihnen Martin Kappus.

Einen Tag später allerdings setzten 450 Offenbacher ihre Unterschrift unter die zweite Petition und distanzierten sich ausdrücklich davon, was ihre Mitbürger am Vortag formuliert hatten. Dieses Schreiben trägt die Signatur fast aller, die in Offenbach Rang, Namen und etwas zu verlieren hatten, darunter Joseph Pirazzi, L. Diefenbach, Bürgermeister Budden, J. M. Hirschmann, J. und F. Mönch, A. und J. Pfaltz und A. Krafft. „Die Unterzeichner", beteuern diese wohlsituierten Persönlichkeiten, „fühlen sich ... veranlaßt, die Unterdrückung dieser unheilvollen, die Freiheit ... untergrabenden Bewegung vollkommen beizupflichten ... Nur wenn Ruhe, Ordnung und ein gesetzlicher Zustand wiederhergestellt sind, kann Deutschland von seinem Untergange gerettet werden, nur dann wird die kaum errungene Freiheit gesund und kräftig bleiben."

Im großen und ganzen waren es die Unterzeichner der zweiten Petition, die den Vorstand der Volkskommission bildeten: wohlhabende Bürger des Establishments, die ihre Schäfchen schon im Trocknen hatten. Von ihnen, die man heute als Rechtsliberale definieren würde, unterschied sich die linksliberale Position von Martin Kappus ganz erheblich. So nimmt es nicht wunder, daß für einen seines Schlages in der Volkskommission kein Platz war.

3

**DER VATERLÄNDISCHE VEREIN**
Im Juni 1848 wurde als erste politische Vereinigung in Offenbach der Vaterländische Verein gegründet. Sein Zweck war „die Verständigung über die Rechte und Pflichten des Volkes, die Ausbildung und Kräftigung dieser Rechte, und Schutz derselben". Bevor sich der Vorstand bildete, wurde ein fünfköpfiger Ausschuß gewählt; in ihm findet sich auf Platz fünf, gewählt mit 79 Stimmen, Martin Kappus.

Im Vaterländischen Verein fanden sich für kurze Zeit noch einmal, fraktionsübergreifend sozusagen, alle zusammen, die die politischen Geschehnisse in der Stadt mitbestimmten. Schon im September sollte sich von diesem Verein, den man als Urzelle der liberalen Bewegung betrachten kann, der Bürger-Verein abspalten, in dem sich jene zusammenschlossen, die sich selbst als gemäßigt empfanden und denen die Vaterländischen zu radikal waren. Die dritte Gruppe, die sich vom Vaterländischen Verein als nur unzureichend vertreten empfand, formierte sich im Sommer 1849 schließlich zum Arbeiter-Bildungs-Verein, womit die Ahnengalerie des heutigen Parteienspektrums komplett war.

Doch sie alle waren ursprünglich Bestandteile des Vaterländischen Vereins, dem Martin Kappus zeit seines Bestehens verbunden blieb. Er zählte zu dieser Zeit 27 Jahre, stand dem Turnverein als erster Vorsitzender und Turnwart, der Feuerwehr „moralisch" vor, war aktiv in der deutschkatholischen Gemeinde und baute sich seine berufliche Existenz auf. Für den Vaterländischen Verein blieb ihm nicht allzuviel Zeit, zumal der Turnverein jetzt wieder „offiziell" zugelassen war. Sein Engagement bei den Vaterländischen diente denn wohl auch eher der Bestimmung der eigenen gesellschaftlichen Position. Durch die Vereinszugehörigkeit konnte ein Außenstehender schnell definieren, mit wem er es zu tun hatte.

In ihrer Arbeit über die Bedeutung u.a. dieser Vereine für die Bildung der heutigen Parteien beschreibt Astrid Sahm dieses Phänomen. Da die 48er Revolution sich während einer Zeit großer wirtschaftlicher Veränderungen abgespielt habe, seien viele Arbeiter bereits damals in die Proletarisierung abgerutscht. Um nun aber wenigstens nicht ganz von jeglicher Mitbestimmung ausgeschlossen zu bleiben, seien sie an einer Veränderung der Verhältnisse hin zu einem demokratischen und sozialen System interessiert gewesen. Sie konzentrierten sich daher auf den Arbeiterbildungs- und den Vaterländischen Verein.

Besonders aufschlußreich im Hinblick auf die Position, die Martin Kappus einnahm, sind die beiden folgenden Absätze. Dort heißt es: „In einer festen Position waren auch jene Fabrikanten, die den wirtschaftlichen Aufstieg bereits vollzogen hatten und nun einerseits, um die optimalen Bedingungen für ihre wirtschaftlichen Entfaltungsmöglichkeiten zu erhalten, andererseits um den ihrem gesellschaftlichen Stand entsprechenden Grad politischer Mitbestimmung zu erlangen, an der Revolution teilnahmen. Sie neigten daher eher zu einer Mitgliedschaft im Bürgerverein, vor allem wenn es sich um die industrielle Produktion bereits traditioneller Produkte handelte (z. B. im Lederwarenbereich).

War ihre wirtschaftliche Stellung als Fabrikant jedoch nicht gefestigt, sondern befanden sie sich gerade in der Übergangsphase vom ... Handwerker zum Fabrikanten ... bevorzugten sie in der Regel den Vaterländischen Verein, in welchem sie freilich auf eine gemäßigtere Richtung drängten.

Ähnlich verhielt es sich mit den Fabrikanten neuer Industriezweige, z. B. Maschinenfabrikanten."

Daß Martin Kappus nicht zu den radikalen Schreihälsen gehörte, derentwegen der Vaterländische Verein einen gewissen Imageverlust erlitt (wie etwa Philipp Wagner, der zusammen mit Joseph Pirazzi den Vorsitz hatte, aber letztlich vor der hessischen Polizei nach Amerika floh), zeigt eine überlieferte Episode, die sich ein Jahr später im Turnverein zutrug. „Wir sind keine Revoluzzer", soll er gesagt haben, als die Hanauer Turner die Offenbacher dazu bewegen wollten, mit ihnen in einem paramilitärischen Verbund nach Baden zu ziehen, um dort der provisorischen Volksregierung gegen preußische und hessische Truppen beizustehen. Die Offenbacher blieben, gemäß dem Rat ihres Vorsitzenden, dem Geschehen fern und entledigten sich ihrer Beistandspflicht durch die eher symbolische Spende von 25 Gulden.

Am 2. Oktober 1850, zu der Zeit, als die Fürsten die Konzessionen, die sie zwei Jahre zuvor gemacht hatten, Stück für Stück wieder zurücknahmen, wurden im Großherzogtum Hessen die politischen Vereine verboten. Für Martin Kappus, der in diesem Jahr dreißig Jahre alt wurde, war die politische Sturm- und Drangzeit damit beendet. Zwar blieb er dem Turnverein und der Freiwilligen Feuerwehr treu wie eh und je; aber von nun an galt sein Hauptaugenmerk zwei anderen Schwerpunkten: dem Seifensieden und der Gründung einer Familie.

Das Jahr der Revolution hatte ihm aber, wie so vielen seiner Zeitgenossen, für das ganze Leben seinen Stempel aufgedrückt. Der 6. März 1848, der Tag, an dem die Offenbacher auf Plakaten lesen konnten, welche Freiheiten ihnen von nun an gewährt werden sollten – dieser 6. März scheint für ihn zum symbolischen Tag dieses wichtigen Jahres geworden zu sein. Noch fünfzig Jahre später suchte er in der Offenbacher Zeitung nach Weggefährten dieser Tage.

Die erste Suchmeldung erschien am 11. Februar 1898. Unter der balkendicken Überzeile „1848" inseriert der fast Achtzigjährige: „Wer noch das Glück hat, zu leben und in den Jahren 1847, 48 u. 49 Mitglied des Turnvereins gewesen, wird auf Samstag, den 12. ds. zu einer Besprechung in das Turnlokal eingeladen. M. Kappus."

Ganz offensichtlich haben sich einige alte Herren zu diesem Termin in die Goethestraße bemüht; denn in der zweiten Anzeige am 26. Februar heißt es nur noch, lapidar und fast verschwörerisch: „1848" (wieder balkendick). Darunter: „Heute 8 Uhr im Turnlokal."

Die dritte und letzte Annonce erschien am 4. März 1898. Jetzt erfährt man auch, worum es eigentlich ging: Ein Festessen sollte veranstaltet werden, am 6. März im Turnlokal, ein Beisammensein mit Speis und Trank für die 48er Vetera-

nen, abends um siebeneinhalb Uhr. Doch ungeachtet aller Rührung, die da aufkommen mochte – zu verschenken hatte man nichts. Alles hatte seinen Preis. In diesem Fall waren es „Mark 1.50. Ohne Wein. M. Kappus".

# KAPITEL 4

# DIE FAMILIE WÄCHST

**ELISABETHA** 1820, im Jahr der Geburt von Martin Kappus, war Offenbach ein kleines Städtchen mit etwas mehr als sechstausend Einwohnern. Am Ende seines Lebens sollte sich diese Zahl fast verzehnfacht haben: Im Jahr 1905 waren es bereits 59.806 Offenbacher geworden. Schon an diesen Zahlen läßt sich erahnen, mit welchen Veränderungen die Leute damals fertigwerden mußten; nicht nur die Population war damals im Wandel begriffen, sondern schlichtweg alles.

Zwischen 1850 und 1860, der Zeit also, in der sich die Kappus'sche Seifenfabrik etablierte, wuchs die Bevölkerung von 11.247 auf 15.316. Eine städtische Wasserleitung wurde gebaut, die Schiffahrt und damit der Warentransport auf dem Main durch das Sprengen des Kaiserley-Felsens erleichtert, eine Telegraphenanstalt eröffnet, und am Ende des Jahrzehnts waren bereits 25 Dampfmaschinen in Betrieb.

In einer Beschreibung des Großherzogtums Hessen aus dem Jahr 1854 wird das Offenbach dieser Tage so geschildert: „Offenbach, ... Sitz eines Kreisamts, eines Landgerichts, eines Steuercommissariats, eines Kreisbauamts, einer Handelskammer; die bedeutendste Gewerbestadt des Landes ... Unter den vielen Fabriken, welche weit im Auslande bekannt sind, sind besonders hervorzuheben: die von Chaisen, Maschinen aller Art, bunten Papieren, Eisengußwaren, Stickereien in Gold und Seide, Portefeuillearbeiten, Silberarbeiten, Wachstuchen, chemischer Fabrikaten, Herrenhüten, Leder, Tabak, Wachslichtern etc. ..."

Am 1. Januar 1853 war Martin Kappus in der Lage, seinen Betrieb im Firmenregister des Amtsgerichts eintragen zu lassen. Da die Handelskammer nur jene Kaufleute und Fabrikanten aufnahm, die bereits seit einiger Zeit Eigentümer ihrer jeweiligen Firma waren, wenigstens 100 fl. Gewerbekapital versteuerten und zudem die Zahl ihrer Mitglieder streng begrenzte, hatte es in den ersten Jahren für ihn dort keine Chance gegeben.

Im Jahr 1856 zog Martin Kappus mit Firma und Familie, zu der nach wie vor sein Vater Philipp zählte, in das neuerbaute Wohnhaus in der Louisenstraße 14, hinter dem allmählich ein zweistöckiges Fabrikgebäude mit den ansehnlichen Außenmaßen von fünfeinhalb mal zwölf, also 120 Quadratmetern Nutzfläche auf zwei Etagen emporwuchs. Das gesamte Grundstück war etwa 650 Quadratmeter groß.

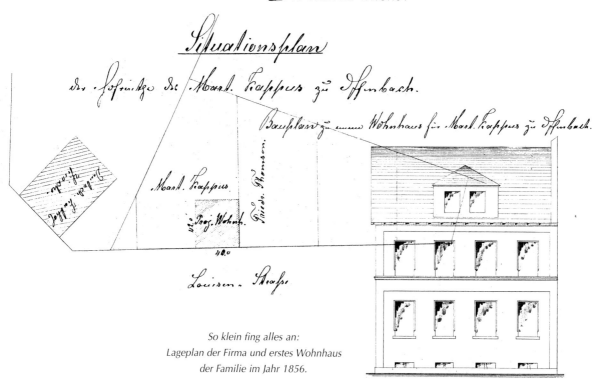

*So klein fing alles an:*
*Lageplan der Firma und erstes Wohnhaus*
*der Familie im Jahr 1856.*

Christine, die jüngste Schwester, hatte nun auch geheiratet und war beim Umzug in die Louisenstraße nicht mehr dabei, dafür gab es aber ein neues Familienmitglied: Elisabetha, die mit Martin am 19. Juni 1854 die Ehe geschlossen hatte. Die junge Frau, in der Heiratsurkunde benannt als „Elisabetha Mehl, des hiesigen Bürgers und Landwirths Martin Mehl und dessen Ehefrau zweiter Ehe Juliane ... ledige Tochter, geboren am zehnten Juni Achtzehnhundert dreisig", war „evangelischer Confesion". Ihr Bruder, der Turner Jean Mehl, hatte mit Martin Kappus (und sechsunddreißig anderen) die Freiwillige Feuerwehr gegründet.

Trauzeugen waren der Kaufmann Christian Zahn und der Kappenmacher Peter Schwerer, der Mann von Martins erster Schwester Henriette, „welche dieß Protokoll nebst dem evangelischen Pfarrer Manchot dahier, der auf Ersuchen des deutsch-katholischen Gemeindevorstandes die Trauung vollzogen, unterschrieben haben". Eine ökumenische Trauung also, ganz im freiheitlich-selbstbestimmten Sinn der deutsch-katholischen Ideologie.

Martin Kappus hätte also im Jahr 1856 allen Grund gehabt, zufrieden zu sein. Die Dinge ließen sich gut an: Er war ein geachteter Mann bei seinen Mitbürgern, hatte mit dem Bau einer „richtigen" Fabrik begonnen, bewohnte ein schönes Haus und war mit der Frau seines Herzens verheiratet – aber über seinem Glück lag ein Schatten. Denn noch fehlte ihm das, was im neunzehnten Jahrhundert unverzichtbarer Bestandteil eines erfüllten Lebens war: Söhne.

Am 14. Dezember 1855, zehn Tage nach Martin Kappus' 35. Geburtstag, war im Intelligenzblatt im „Verzeichnis der in der Stadt Offenbach Geborenen" ein merkwürdiger Eintrag zu

4

lesen: In diesem Register, das normalerweise jene Geburten veröffentlichte, die sich ein paar Tage bis Wochen zuvor ereignet hatten, fand sich nun der Name eines kleinen Mädchens, das bereits vor drei Monaten zur Welt gekommen war: „Geboren, Sept. 1. Dem hiesigen Bürger und Kaufmann Johann Martin Kappus eine Tochter: Anna Juliane, getauft den 10. Decbr."

Die traurige Lösung des Rätsels brachte dann schon am 20. Dezember die nächste Ausgabe des Intelligenzblatts, wo Anna Juliane im Register der „Gestorbenen" zu finden ist, „alt 3 Mon. 16 T.; beerd. den 18. Dec". Sie war wohl so schwächlich gewesen, daß die Eltern mit der Taufe gewartet hatten, bis es ihr besser ging, aber als klar geworden war, daß sie nicht mehr lange leben würde, ihr die Taufsakramente nicht vorenthalten wollten. Wo das kleine Mädchen begraben wurde, weiß heute niemand mehr.

Als Elisabetha Kappus ein paar Monate später mit ihrem Mann in die Louisenstraße zog, kränkelte sie. Sie hat das neue Haus nicht mehr genießen können; kaum ein Jahr darauf, im Juni 1857, war es ihr Name, der im Totenverzeichnis des Intelligenzblatts veröffentlicht wurde: „Gestorben Mai 25. Elisabetha Kappus ... alt 26 J. 11 Mon. 15 T.; beerd. den 27. Mai". Im Sterberegister der evangelischen Gemeinde werden diese knappen Angaben ergänzt durch die Nennung der Todesursache. Elisabetha starb an „Phtisis", eine vornehme Umschreibung der Lungenschwindsucht. Auch ihr Grab ist, wie das ihrer kleinen Tochter, längst vergessen.

So tragisch uns das Schicksal dieser jungen Frau heute vorkommen mag – Martin Kappus und seine Zeitgenossen hatten gelernt, den Tod von kleinen Kindern und jungen Erwachsenen als unabänderlich hinzunehmen. Das Intelligenzblatt vermeldete zum Beispiel zusammen mit dem Tod von Elisabetha Kappus elf weitere Sterbefälle. Sechs der insgesamt zwölf Toten waren Kinder unter vier Jahren (drei davon nicht einmal ein Jahr alt), drei, darunter Elisabetha, waren in den Zwanzigern, und lediglich drei weitere hatten den dreißigsten Geburtstag überlebt.

Martin Kappus trauerte ein Jahr und fand dann die Frau, mit der er den Rest seines Lebens verbringen und zwölf Kinder haben sollte.

**MAGDALENE** „Im Jahr achtzehnhundert acht & fünfzig, am achten September wurde auf Bescheinigung Großherzoglichen Kreisamtes & Landgerichts zu Offenbach, daß in bürgerlicher & privatrechtlicher Hinsicht der Ehe kein Hindernis entgegenstehe, unter Wahrung der Kanonischen Erfordernisse & nach erfolgtem Aufgebot getraut & ehelich eingesegnet Johann Martin Kappus, hiesiger Bürger & Kaufmann, Wittwer, & Magdalene Wagner, Tochter des verstorbenen hiesigen Bürgers & Gastwirths Jakob Wagner, alt achtzehn Jahre. Zeugen waren der hiesige Bürger & Gürtlermeister Adolf Lachmann, & der hiesige Bürger und Gastwirth Johann Georg Adam Knipp, welche mir ... dieses Protokoll unterschrieben haben. K. F. Kerbler, Pfarrer."

Der Bräutigam, dessen Alter auf der Trauungsurkunde verschwiegen wird, war zum Zeitpunkt der Verehelichung siebenunddreißig, hatte mithin mehr als doppelt soviel Jahre auf dem Buckel wie seine blutjunge Frau. Seinem langsamen, aber stetigen Erfolg im Geschäftsleben hatte er, der Verwitwete und Kinderlose, privat nichts entgegenzusetzen, ganz im Gegensatz zu seinen Schwestern: Henriette, die älteste, hatte

*Diese Aufnahme entstand ca. 1885. Sie zeigt alle neun Kappus-Kinder (von links):*
*Georg Philipp Martin, Ludwig, Katherina Adelburg, Christine Elsa,*
*Agnes Luise, die Zwillinge Hermann und Hermine, Marie und Adolf.*

schon drei Söhne, und Christine, die Frau seines Trauzeugen Adolf Lachmann, war im Januar 1858 Mutter einer Tochter geworden.

Falls Martin Kappus, wie anzunehmen, mit seiner neuen Ehe die Hoffnung auf Familienzuwachs verbunden hatte, so sollte diese sich mit Magdalene erfüllen: Die Familie wuchs im ungefähr gleichen Tempo wie von nun an die Fabrik, im Wohnhaus in der Louisenstraße begann es eng zu werden, und Georg Philipp Kappus, Martins Vater, konnte Enkel um Enkel in die großväterlichen Arme schließen.

Als erster kam, am 26. Oktober 1859, der nach dem Großvater benannte Georg Philipp Clemens zur Welt, im Juni 1861 folgte Susanna Maria. Einen zweiten Georg Philipp hielt der Großvater im Februar 1863 über das Taufbecken, der andere Junge dieses Namens war inzwischen schon tot. Allen drei ersten Kindern war kein langes Leben beschieden; Georg Philipp Clemens wurde drei, Susanna Maria anderthalb Jahre alt, und Georg Philipp II. sollte mit zwölf Jahren an einer Blinddarmentzündung sterben. Die Kinder, die nun nachfolgten, sollten fast alle bis weit ins

20. Jahrhundert hinein leben. Zur Welt kamen:

1865: Adolf (gestorben 1950),

1867: Ludwig (gest. 1933)

1868: Katharina Adelburg (gest.1942)

1870: Agnese Louise (gest. 1965)

1872: Georg Philipp Martin (gest.1952)

1874: Christine Elsa (gest. 1963)

1876: Marie (gest. 1963), und

1878 die Zwillinge Hermine und Hermann. Hermine lebte bis 1965, Hermann starb 1886.

Mit Hermanns Tod hatte es eine schlimme Bewandtnis. Der Junge sei, heißt es, an einer Erbse erstickt, die in seine Luftröhre geraten war, und Martin, sein Vater, habe ebendiese Erbse posthum vergolden lassen und an der Uhrkette getragen, als ein ganz persönliches memento mori, neben der Taschenuhr, die immerfort das Verstreichen der Zeit vertickte. Die Erbse, ein vergoldetes Kügelchen, existiert heute noch.

Eine schlimme Prüfung war für die Eltern schon die Zeit im Dezember 1862 und Januar 63 gewesen, als ihre beiden ersten und bislang einzigen Kinder innerhalb einer Woche starben, die kleine Susanna, „alt 1 Jahr 6 Mon." am 30. Dezember „an Krämpfen" und der Erstgeborene Georg Philipp am 3. Januar, dreijährig, „an Scharlach". Und während ihr ihre beiden Kleinen unter den Händen starben, war die Mutter hochschwanger: Am 16. Februar 1863, rund einen Monat nach dem Tod des Ältesten, kam jener Junge zur Welt, der den Namen des Gestorbenen erhielt. Und der auch als Kind, im Alter von zwölf Jahren, sterben sollte.

Wie Magdalene Kappus solche Schicksalsschläge hingenommen hat, wissen wir nicht. Von ihr ist fast nichts überliefert; wir wissen nicht, was sie liebte oder haßte, ob sie religiös war, ob sie still war oder laut, viel lachte oder eher zänkisch war. Wir haben keine Ahnung, wie sie aussah, was sie von den Aktivitäten ihres Mannes in Verein und Politik hielt, wir wissen nicht, ob sie im Betrieb mitarbeitete – obwohl man das getrost annehmen darf. Eigentlich ist ihre Existenz nur durch die Niederschrift ihres Namens auf dem Trauschein, durch die Geburt der Kinder, die Feier der Silberhochzeit und schließlich ihren Tod bezeugt.

Andererseits – sieht man von der vergoldeten Erbse einmal ab – gibt es aber auch keine Aufschlüsse über das seelische Befinden von Martin. Private Empfindungen, Gefühle, die ausschließlich ihn selbst betrafen, blieben unter Verschluß. Fragen oder Klagen waren ihm fremd; er hatte wohl für derlei einfach zuviel zu tun, und genauso ging es Magdalene, seiner Frau.

**WOHNUNG ZU VERMIETEN** Die Jahre bis 1880, jene Zeit also, in der die Kinder kamen, waren für die Eheleute Kappus alles andere als leicht. Die wachsende Familie war zu ernähren, Martins Vater, der 1870 mit 88 Jahren „an Altersschwäche" starb, lebte bis zu seinem Tod bei ihnen und war in seinen letzten Jahren sicher keine große Hilfe mehr. Geburten und der Tod prägten diese Zeit, jeder Pfennig, den man abzweigen konnte, wurde umgehend in die prosperierende Fabrik gesteckt, und im Haus gab es mittlerweile kaum noch genug Platz für alle.

Dabei hatte Martin, als er 1856 in der Louisenstraße baute, sein Haus durchaus auf Zuwachs ausgelegt. Es hatte eine Grundfläche von zehn mal zehn Metern, in Erdgeschoß und erstem Stock zeigten je vier ansehnliche Fenster auf die Straße. In beiden Etagen gab es drei miteinander verbundene Zimmer, Küche und ein Plumpsklo, die man vom Treppenhaus betrat und ein, ebenfalls nur vom Treppenhaus erreichbares, als „Kabinett" bezeichnetes Nebenzimmer. Es gab oben und unten eine eigene Wohnung, die – ohne Kabinett – etwa 75 Quadratmeter groß war.

Als sparsamer und auf Gewinn bedachter Mensch hatte der Bauherr wohl von vornherein berücksichtigt, daß er sein Haus auch als Einnahmequelle nutzen konnte. Im Februar 1862, als seine Familie aus zwei Kindern, den Eltern und dem Großvater Georg Philipp bestand, inserierte er im Intelligenzblatt:

„In meinem Hause, Louisenstraße Nr. 23 1/10, ist der obere Stock, bestehend aus drei Zimmern, Cabinet etc. zu vermiethen. M. Kappus." Die fünf Kappusens arrangierten sich derweil, so gut sie konnten, in den Räumen im Erdgeschoß, während die Familie wuchs.

Und es wuchs auch die Fabrik. Jahr für Jahr, manchmal alle paar Monate, reichte Martin Kappus Bauanträge ein, zog hier etwas hoch, verband dort zwei bestehende Schuppen, stockte auf, mauerte an- das kleine Grundstück war bald schon randvoll bebaut. So liegen uns beispielsweise noch heute die Baupläne für das erste Fabrikgebäude von 1856 mit zwei Etagen à sechzig Quadratmeter vor, für einen Stall für drei Pferde (1858), für eine Remise (vom protokollierenden Amtmann unbeirrt als 'Remiese' bezeichnet) im Jahr 1860; ein 'Fabrickslokal' und ein Zwischenbau entstanden anno 1862, ein 'Fabricksanbau' und ein Magazin im Jahr 1863, und in diesem Tempo ging es weiter.

Folgender Bestand ist im Offenbacher Brandkataster von 1863 aufgelistet:

Louisenstraße 14,
Besitzer Kappus, Martin
Wohnhaus 2 Stock 1856
Fabrikbau 2 Stock
Fabrikbau 1 Stock nun 2 St
Hinterbau 1 St,. nun 2 St., links
Hinterbau 2 Stock mit Übergang
Halle 1 Stock
Abtritt
Halle 1 Stock
Fabrikbau 2 Stock nun 3 Stock
Hinterbau 1 Stock nun 2 Stock
Kesselhaus 1 Stock
hoher Schornstein
Waschküche 1 Stock
Halle 1 Stock
Halle 1 Stock.

Nicht aufgeführt sind die Pferdeställe und die Remise, falls sie nicht unter Bezeichnungen wie „Halle" oder „Hinterbau" versteckt sind.

**ADRESSEN, ADRESSEN** Die Stadt Offenbach wurde mittlerweile immer größer und, unaufhaltsam, modern. Alles veränderte sich, Althergebrachtes und Überholtes verschwand. Und dieser Modernisierungswut, die der Stadt von nun an geradezu gewohnheitsmäßig ihren Stempel aufdrückte, fiel auch die bisherige Kennzeichnung der Offenbacher Hausnummern zum Opfer. Galt noch 1863 die Regel „Die Hausnummern beginnen zur Linken in fortlaufender Zahlenfolge" (ausgenommen in der Karl- und Bieberer Straße, wo sie zur Rechten begannen), so hieß es zwei Jahre später: „Die Hausnummern beginnen auf der linken Seite der Straße mit den geraden, auf der rechten mit den ungeraden Zahlen" (ohne Ausnahme). Daher war 1865 aus der

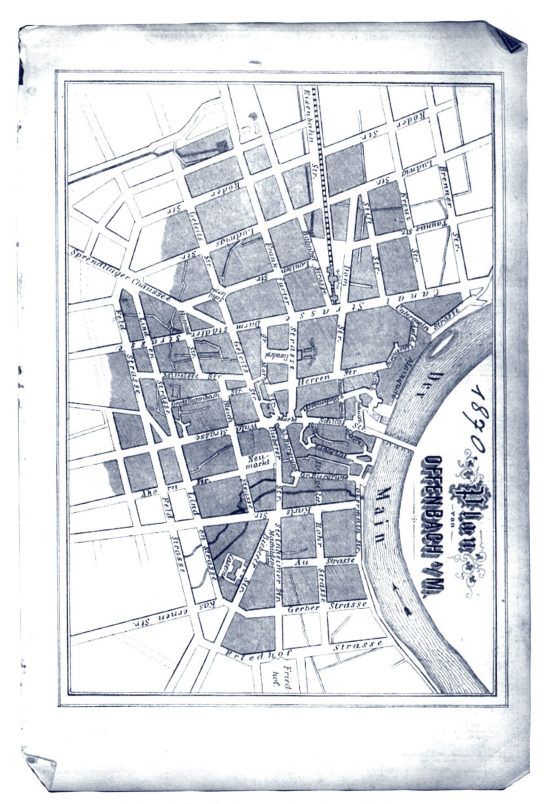

*Plan der Stadt Offenbach. Illustration aus dem Adress-Handbuch von 1870.*

ungeraden 23 1/10 von ehedem nun die gerade Nummer Louisenstraße 14 geworden.

Von nun an gab es auch nicht mehr die verwirrende Methode, die Straßen mit einer Art Buchstabencode zu versehen, die das Auffinden in Plänen und Verzeichissen erleichtern sollte. Bis dato war die Louisenstraße unter „Q" zu finden, wobei sie allerdings nicht die erste war, der man diesen Buchstaben zugeordnet hatte: Als die Stadt noch kleiner war, bezeichnete das „Q" die Dom-straße. Den Plänen und Einwohnerverzeichnissen legten die Druckwerkstätten jeweils kleine Ent-schlüsselungsbüchlein bei, die Auskunft darüber gaben, welche Stelle im ABC die gesuchte Straße bezeichnete. Leider aber war es unüblich, diese Druckwerke zu datieren; wer heute nach alten Adressen sucht und den falschen Schlüssel dazu liest, wird niemals fündig.

Vielleicht ist das einer der Gründe, warum die Hausnummer in der Geleitsstraße, in der Martin Kappus 1848 seine ersten Pomaden, Parfüms und Bartwichsen fabrizierte, in Verges-senheit geriet: Es war die 'V 36' (dem beigelegten – älteren und demnach falschen – Dechiffrie-rungsbuch zufolge müßte das V als „Neue Straße" zu lesen sein, eine Adresse, die heute niemand mehr so recht einordnen kann). Dazu kommt, daß die Numerierung '36' aus der Zeit vor 1863 stammt; danach wurde das Haus die Geleitsstraße Nr. 41, und heute , nach etlichen weiteren Verän-derungen und Neu-Zuordnungen, dürfte die Nummer 43 den Ort bezeichnen, wo die Seifen-herstellung der Firma Kappus begann.

Zurück zur Louisenstraße: Auch dort soll-te sich die Adresse wieder ändern: Im Jahr 1902, nach einer Verlängerung der Straße, wurde aus der 14, diesmal endgültig, die 42.

**DER STADTRATH** Der 26. März 1870 war ein Einschnitt im Leben von Martin Kappus. Georg Philipp, sein Vater, starb, und wie sehr er ihn betrauert hat, mag sich daran zeigen, daß der nächste Sohn, der 1872 geborene Georg Philipp Martin, nach ihm benannt wurde – obwohl der Bruder dieses Neugeborenen, der ebenfalls Georg Philipp hieß, verwirrenderweise noch lebte und niemand seinen frühen Tod drei Jahre später vor-ausahnen konnte. (Man nimmt heute an, daß Eltern im 19. Jahrhundert ihren Kindern vorsorg-lich gleiche Namen gaben, weil sie davon aus-gehen mußten, daß viele ihr erstes Jahr nicht überleben würden.) Der Großvater erlebte die Geburt von insgesamt sieben Enkelkindern, von denen vier überlebten, darunter waren die künftigen Firmenchefs Adolf und Ludwig.

Dem Glück, das Martin mit der Familie hatte, entsprach sein Erfolg im übrigen Leben. Wie stolz Georg Philipp Senior auf seinen Sohn war, können wir nur ahnen. Ihm, dem pensio-nierten Handwerker, muß der kometenhafte Aufstieg Martins im öffentlichen Leben und in der Geschäftswelt geradezu als ein Wunder er-schienen sein: Obgleich nicht mehr ganz so engagiert wie einst im März, hatte Martin doch nie aufgehört, öffentliche Ämter und Berufungen nur so zu sammeln: Als Turnwart und Kassen-führer beim Turnverein, im Vorstand der freireli-giösen Gemeinde und, seit 1861, auch ganz offi-ziell im Kommando der Feuerwehr.

Aus dem Gemeinderatsprotokoll vom 28. Mai 1861: „betreffend: Die Organisation der Feuerwehr. Der Gemeinderath ist damit ein-verstanden, daß G. W. Bode zum Obercoman-deur und Martin Kappus zum ‚zweiten' ... er-nannt werden."

4

Ein Jahr später sollte jener „zweite" selbst zu dem Gremium gehören, das derlei Dinge entschied: Am 13. Februar 1863 wird protokolliert, daß der Gemeinderat „nach Einführung des neu gewählten Gemeinderathsmitgliedes Fabrikant Martin Kappus" zur Tagesordnung überging.

Themen dieser ersten Sitzung waren unter anderem der von jedem Fuhrwerk zu entrichtende Wegezoll, der Verkauf eines städtischen Grundstücks an die Firma Riesbeck („Der Gemeinderath verbleibt bei seinem Entschluß ... indem der Preis ... für das fragl. Grundstück keineswegs zu hoch ist"); man erließ – wg. Wirtschaftsförderung – drei Firmen die Kosten für einen Wasseranschluß, man gestattete die „Erbauung eines Schuppens an der Nordseite des alten Schlosses zur Aufbewahrung hier ankommender oder abgehender Güter" und beschied über vier Einbürgerungsgesuche. Abgelehnt wurden zwei wenig Begüterte und nicht besonders gut Beleumundete, mit Handkuß nahm man einen vermögenden Kaufmann, der ein Geschäft eröffnen und eine Offenbacherin heiraten wollte, und akzeptierte – eher zögernd und mit Vorbehalten – den vierten, „unter der Bedingung, daß derselbe der allgemeinen hiesigen Krankenkasse beitritt und die Marie Zimmermann von hier binnen drei Monaten ehelicht".

Als Martin Kappus in den Gemeinderat kam, war der Chaisenfabrikant Johann Heinrich Dick Bürgermeister, ein Mitglied jener Familie also, die einst Georg Philipp Kappus' Arbeitgeber gewesen war. Wie muß es ihm gefallen haben, daß sein Sohn nun auf gleicher Ebene mit diesem Mann verkehrte! Martin blieb „Stadtrath", bis die hessische Städteordnung 1874 einschneidend verändert wurde. Aus dem ehrenamtlichen Gemein-derat, aus dessen Reihen die Staatsregierung den Bürgermeister ernannte, wurde nun eine 30köpfige Stadtverordnetenversammlung, die selbst einen hauptberuflichen Bürgermeister wählte (gleich beim erstenmal wurde, typisch für Offenbach, ein völlig Ortsfremder gewählt: Hermann Stölting aus Hannoversch-Münden).

Familienvater, Fabrikant, Stadtrat, Feuerwehrkommandant – Georg Philipp Kappus konnte beruhigt die Augen schließen. Sein Sohn hatte seinen Weg gemacht.

Während der dreizehn Jahre, in denen Martin Kappus im Gemeinderat über die Geschicke seiner Stadt mitentschied, stieg die Einwohnerzahl von etwa 16. 000 auf rund 23. 000 an. Die Firmen Collet & Engelhard (Werkzeug), Gebr. Heyne (Schrauben), Faber & Schleicher und die Maschinenfabriken Mayer & Schmidt und Neubecker wurden gegründet; der Bankverein, neue Schulen, darunter die Vorläuferin der heutigen Hochschule für Gestaltung entstanden, und einmal, 1871, streikten die Portefeuiller. In diesem Jahr gab es in Offenbach insgesamt 236 Fabriken, die Stadt erstreckte sich vom Main im Norden bis zur heutigen Bismarckstraße, die damals noch Lindenstraße hieß, im Süden, von der Ludwigstraße im Westen zur östlich gelegenen Karl- bzw. Bieberer Straße.

Im Jahr 1870 wurde die Einkommensteuer eingeführt, und die Zahl der Steuerpflichtigen erhöhte sich von 4.686 (1866) auf 10.250 (1874). Als Martin Kappus aus dem Gemeinderat ausschied, betrug das Vermögen der Stadt eine Million dreihundertsiebzigtausend fl . Die Schulden: Eine Million einhundertdreizehntausend und neunhundertsiebenundzwanzig fl. und fünfzig Kreuzer.

Die größten Umwälzungen jener Jahre bahnten sich jedoch außerhalb Offenbachs an: 1866 besiegten die Preußen im Deutschen Krieg bei Königgrätz die Österreicher. Die Offenbacher, deren Landesherr sich mit den Österreichern verbündet hatte, mußten daher den Einmarsch preußischer Soldaten über sich ergehen lassen; die aber scherten sich wenig um die kleine hessisch-darmstädtische Stadt: Sie hatten es auf deren reiche Nachbarin abgesehen. Das unglückliche Frankfurt, das in diesem Konflikt neutral geblieben war, wurde von den Besatzungstruppen als erobertes, feindliches Gebiet behandelt: Es verlor seinen Status als Freie Stadt und mußte Kriegsreparationen zahlen.

An Offenbach dagegen hatten die Sieger kein Interesse, die Besatzung blieb Zwischenspiel, die Stadt gehörte auch weiterhin zum Großherzogtum Hessen. Otto von Bismarck verleibte Preußen aber Frankfurt und Hessen-Kassel zusammen mit Nassau, Schleswig-Holstein und Hannover ein und verschaffte dem preußischen Staat so das Übergewicht in Deutschland, das nun, durch die Kooperation mit den süddeutschen Ländern, gewissermaßen geeint war. Österreich blieb ausgeschlossen; um diese sogenannte „kleindeutsche Lösung" hatte es heiße Debatten schon bei der 1848er Nationalversammlung gegeben.

Nun waren Tatsachen geschaffen, und diese Tatsachen führten fünf Jahre später zum nächsten bewaffneten Konflikt, dem Deutsch-Französischen Krieg, der im Juli 1870 begann und am 26. Februar 1871 endete. Der Grund war der Widerwillen von Napoleon III. gegen die deutsche Einheit. Anlaß, eher Vorwand für die französische Kriegserklärung, gab der Zwist um die Berufung

eines Hohenzollernprinzen auf den spanischen Thron. Die süddeutschen Staaten traten sofort auf die Seite Preußens, und die vereinigten deutschen Heere besiegten den Gegner an allen Fronten. In Frankfurt wurde im Mai der Friedensvertrag geschlossen, und jetzt flossen Kriegsreparationen in diese Stadt. Frankreich mußte insgesamt fünf Milliarden Goldfrancs bezahlen und Elsaß-Lothringen abtreten.

Für die Franzosen war damit die kaiserliche Ära abgeschlossen: Napoleon wurde verjagt, das Land gab sich eine republikanische Verfassung. Genau umgekehrt verlief die Entwicklung diesseits des Rheins: Bayern, Baden-Württemberg, Baden und Hessen-Darmstadt traten dem Norddeutschen Bund bei, der damit zum Deutschen Reich wurde, und am 18. Januar 1871 wurde der preußische König Wilhelm I. zum Deutschen Kaiser ausgerufen, der Bruder des Mannes, den sich die 48er zum Kaiser erwählt hatten und der diese Würde ausgeschlagen hatte.

Überall im Land, auch im weit abseits der kriegerischen Handlungen gelegenen Offenbach, schlugen die Wogen hoch. Der französische Affront, das neue nationale Gemeinschaftsgefühl und natürlich dann der Sieg schufen eine himmelhochjauchzende Stimmung, die die Leute eng zusammenschmiedete. Martin Kappus begegnen wir im Zusammenhang mit dem Krieg gleich in drei seiner Funktionen: Als Stadtrat, als Turner und Feuerwehrkommandanten. Schon am 17. Juli 1870 fand er sich mit seinen Kollegen im Rathaus zu einer vom Bürgermeister – das war nun der Altachtundvierziger Martin Hirschmann – einberufenen Sondersitzung ein. Im Intelligenzblatt vom 19. Juli heißt es (man beachte die starke Heraushebung des Wochentags):

4

„Sitzung des Gemeinderaths vom 17. Juli. In der mit Rücksicht auf die drohende Kriegsgefahr auf heute – Sonntag – anberaumten Sitzung wurde beschlossen:

I. Unter Würdigung der nationalen Bedeutung, welche der bevorstehende Krieg gegen Frankreich hat, sollen die Familien derjenigen fahnenpflichtigen Stadtangehörigen, durch deren Abgang der Familie der Ernährer fehlt ... aus städtischen Mitteln unterstützt werden.

II. Es sollen ähnlich wie im Jahre 1866 ... 12 Schutzmänner angestellt und denselben per Tag ein Gehalt von einem Gulden genehmigt werden. Hierbei sollen ... anerkannt tüchtige, brave Bürger berücksichtigt werden, welche durch die Zeitverhältnisse arbeitslos geworden sind.

III. Bei der aufzustellenden Einquartierungsliste soll das Einkommenssteuerkapital als Anhaltspunkt dienen."

Bereits 1866 hatten die Turner ein Sanitätscorps ins Leben gerufen, das sich nun auf dem Schlachtfeld erste Verdienste erwerben sollte. Gleich zwei Annoncen riefen am 18. Juli, einen Tag nach der Kriegserklärung, zur Hauptversammlung des Turnvereins, „abends, präcis 9 Uhr", wo eine Besprechung wegen Ergänzung des Sanitätscorps anberaumt war: „Die Wichtigkeit des Gegenstands läßt uns bei dem Ernste der Situation erwarten, daß sich die Mitglieder pünktlich einfinden, und ersuchen wir besonders die älteren Mitglieder, zahlreich zu erscheinen".

Anzeige Nummer zwei lud die Angehörigen des Sanitätscorps zur gleichen Sitzung und warb um Neue: „Mitglieder des Turnvereins, welche das 20. Lebensjahr zurückgelegt und nicht zur Kriegsbereitschaft zählen, können sofort nach Meldung unserem Corps angehören".

Offenbachs wohlhabende Bürger schlossen sich im „Hülfsverein für die Krankenpflege und Unterstützung der Soldaten im Felde" oder im „Alice-Frauenverein für die Krankenpflege" zusammen, letzterer geleitet von Anna Böhm. Sie war die Frau von Gustav Böhm, dessen Fein- und Toiletteseifenfabrik in der Sprendlinger Chaussee der Firma Kappus ernsthafte Konkurrenz machte. Anna Böhm leitete bei Kriegsende sogar die Sammelaktionen des Turner-Sanitätscorps; von einer ähnlichen Funktion von Magdalene Kappus (der dieses Amt doch schon aus Familiengründen zugestanden hätte), ist nichts bekannt.

Bei den nun ständig stattfindenden Sammel- und Spendeaktionen hielt sich allerdings auch Martin zurück. Sein Name ist auf keiner der im Intelligenzblatt veröffentlichten Listen zu finden. Regelmäßig taucht dagegen dort der Name Carl Naumann auf, der größte Seifenhersteller in Offenbach. Von ihm wissen wir allerdings, daß er Heeresaufträge erhielt; die Firma Kappus scheint hier leer ausgegangen zu sein.

Am 28. Februar 1871, als der Krieg gewonnen war, setzte Martin Kappus einen Aufruf ins Intelligenzblatt, ohne dabei seinen Namen zu nennen:

„Feuerwehr! Auf Wunsch des Stadtraths übernimmt bei der Friedensfeier die Feuerwehr die Anordnung des Fackelzuges und macht bekannt, daß ... die Aufstellung des Zuges auf dem Lagerhausplatz beginnt, und bewegt sich derselbe ... durch folgende Straßen: Frankfurter Straße, Louisenstraße, Schillerplatz, Geleitstraße, Waldstraße und zurück, Bieberer Straße, Karlstraße, großer und Kleiner Biergrund, Markt, Schloßstraße, Sandgasse, Frankfurter Straße, Kanalstraße, Domstraße, Herrnstraße, große Marktstraße, Paradeplatz. Gezeichnet: Das Obercommando der Feuerwehr."

Magdalene Kappus, der man offenbar kein Ehrenamt im Krieg gegönnt hatte, rückt 1883 noch einmal in unser Blickfeld, als sie und ihr Mann am 7. September anläßlich ihrer Silberhochzeit geehrt werden. „In Gemeinschaft mit dem Turnverein" schreibt Ludwig Stahl in seiner Chronik der freiwilligen Feuerwehr, „wird am ... Vorabend der silbernen Hochzeit des Obercomandanten, Herrn Martin Kappus nebst Gemahlin, denselben ein großer Fackelzug mit anschließendem Ständchen der Kapelle und der Turnersänger gebracht. Am folgenden Morgen sprechen die Chargirten die besten Glückwünsche des Corps aus und überreichen ein Geschenk, bestehend aus 2 silbernen Tafelaufsätzen mit Cristallschalen und Inschrift mit Bouquet."

Magdalene war jetzt dreiundvierzig Jahre alt, und die härtesten Zeiten ihres Lebens hatte sie wohl hinter sich. Das letzte Wochenbett lag fünf Jahre zurück, nach den Zwillingen hatte sie keine Kinder mehr geboren. Und auch im Haus würde es bald mehr Platz geben: Nach all den großen Zuwächsen in der Fabrik und dem dazugehörigen Grundstück sollte 1886 endlich auch das Wohnhaus modernisiert und vergrößert werden.

Die Finanzen stimmten, die Kinder waren fast alle aus dem Gröbsten heraus, und in absehbarer Zeit würde sie auch schöner wohnen: Magdalene Kappus hatte am 8.September 1883 Grund genug, sich zurückzulehnen und das Menü zu genießen, das zur Silberhochzeit auf den Tisch kam. Hier die Speisefolge: Salm à la Hollandaise mit Kartoffeln, Rebhuhn mit Sauerkraut, Hasen- und Rehbraten, Diverse Salate, Junge Gans mit Kompott, Dessert, Gefrorenes.

Der Silberbräutigam, der das Festessen finanzierte, scheint bei dieser Gelegenheit über sich hinausgewachsen zu sein: Der Verschwenderischste, heißt es, sei er nicht gewesen. Übelwollende nannten ihn knauserig, seine Freunde aber wußten, daß er sein Geld zusammenhielt.

*Das modernisierte Wohnhaus 1886 (links) und heute (rechts).*

# $\mathcal{V}$OM PARFÜMVERFERTIGER
# ZUM SEIFENFABRIKANTEN

**EINE NASE FÜR PARFÜM** Obwohl wir ungleich viel mehr über Martin Kappus wissen als über seine Frau, zeigen doch die Lebenszeugnisse, die von ihm erhalten sind, ein merkwürdig unausgewogenes Bild. Der geradezu leuchtenden Spur, die er im öffentlichen Leben gezogen hat, steht nur der blasse Schatten einiger weniger mehr privater Erinnerungen entgegen: Ein paar Anekdoten, einige wenige Fotografien, mehr nicht.

Offenbar hat er es auch für unwichtig gehalten, eigene Erinnerungen an seinen beruflichen Werdegang aufzuzeichnen. Aktion war ihm wohl wichtiger als Reflexion; sein Vermächtnis stellte, kaum überbietbar, die Fabrik dar. Schon zu seinen Lebzeiten war Martin Kappus zu einer Art Legende in Offenbach geworden, und bereits in den Nachrufen nach seinem Tod mischt sich Wahres mit viel Erfundenem.

Der Verstorbene habe, schreibt der anonyme Autor einer Denkschrift, festgestellt, „daß der deutsche Markt für die feineren Waren der Branche noch nicht aufnahmefähig war, und er schlug daher, selbständig geworden, den Weg ein, daß er sich auf die Fabrikation der ... billigeren Artikel legte." Die Ware habe er Hausierern, die

*1856: Die Fabrik wird ins Grundbuch eingetragen, erste Gebühren fallen an.*

man damals Kurzwarengrossisten nannte, mitgegeben, die sie bei ihren Reisen an die Kundschaft gebracht hätten. So sei der Vertrieb „in geschickter Weise und dadurch zugleich wohlfeil" gestaltet gewesen.

Wahrheit? Legende? Ganz sicher steckt in dem zitierten Satz von beidem etwas. Denn zumindest in der allerersten Zeit, als er vorsichtig begann, die Selbständigkeit zu wagen, hatte

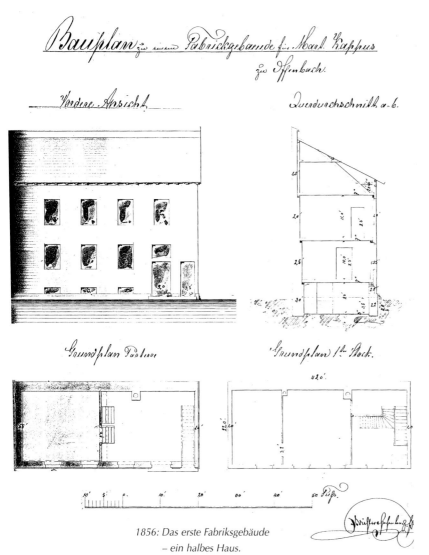

*1856: Das erste Fabriksgebäude
– ein halbes Haus.*

Das Parfümieren hatte der spätere Stadtrat wohl schon in seiner Ausbildungszeit bei Dalton gelernt. „Um die Mitte des 19. Jahrhunderts machte sich der Einfluß der Frankfurter Parfümeriebranche geltend", schreibt Dr. Robert Müller in seiner Abhandlung über die industrielle Entwicklung Offenbachs. „J. M. Kappus ... begann 1848 mit der Herstellung von Pomaden, Parfüms und dann auch Toiletteseifen."

Welches Rüstzeug mußte Martin Kappus für den Beruf mitbringen? „Die Seifensiederey ..." schrieb Sigismund Hermbstädt 1824 in seiner 'Anleitung der Kunst, Seifen zu sieden', „... wird gemeiniglich bloß als ein mechanisches Handwerk betrachtet und ausgelegt; wer sich aber mit allen dabei vorkommenden Operationen, sowie den dazu erforderlichen Materialien bekannt und vertraut gemacht hat, dem wir es leicht einzusehen, daß solche als ein eigenes Kunstgewerbe angesehen werden muß, das ganz auf wissenschaftliche chemische Grundlage gestützt ist, wenn dasselbe nicht nach einem von altersher gebrauchten mechanischen Schlendrian, sondern rationell ausgeübt und reell verbessert werden soll.

Das Ganze in der Seifensiederey läßt sich füglich einteilen: 1) in die Kenntniß der dazu erforderlichen Hilfsmaterialien; 2) in die Kenntniß

Martin Kappus noch ganz andere Träume und Ambitionen als die Herstellung von Seife. Er hat es uns sogar ausnahmsweise selbst gesagt, indirekt: Düfte wollte er kreieren, und als seinen Beruf ließ er deswegen gegen 1855 „Parfümverfertiger" im Einwohnerregister eintragen. Noch viel später, 1865, wird man die Firma im neuererschienen Adreßbuch unter der Rubrik „Seifenfabriken" vergebens suchen: Sie findet sich unter „Parfümeriefabrik von Martin Kappus, Stadtrath".

und die richtige Konstruktion der dazu erforderlichen Geräthschaften; 3) in die Kenntniß von der Zusammensetzung der verschiedenen im Handel vorkommenden Arten von Seifen; 4) in die Kenntniß, die verschiedenen Arten der Seifen zu zerlegen und ihre guten oder schlechten Beschaffenheiten zu bestimmen; 5) in die Kenntniß von der Zubereitung der wohlriechenden Seifen und 6) in die Kenntniß von Mitteln, die Seifensiederey zu vervollkommnen."

Und was mußte ein „Parfümverfertiger" können? Vor allem eines: Riechen. Eine „Nase" war (und ist) die erste und wichtigste Voraussetzung in dieser Branche, denn sie bestimmte die Qualität eines Parfüms mindestens ebenso wie die Qualität der Rohstoffe. Und natürlich war, wie immer, ein bißchen Glück notwendig, Glück und künstlerische Intuition, damit die Düfte der augenblicklichen Mode entsprachen.

Ein Ausbildungsberuf war es damals (und ist es heute) nicht; obgleich natürlich auch hier die Übung den Meister machte, war Talent entscheidend. Fritz Schmidt, der 1888 als Arbeiter bei der Firma Kappus begann, mag dafür ein Beispiel sein: Im Lauf der Zeit, erzählte er bei seiner Pensionierung, habe er sich zum Parfümeur hochgearbeitet. Seine Aufgabe sei es gewesen, „die feinen Gerüche der Kappus-Seifen aus den verschiedenen Essenzen zusammenzustellen". Befähigt habe ihn zu diesem Posten seine „ausgezeichnete Nase".

Ob Martin Kappus in jenen frühen Jahren seine Riechstoffe selbst destilliert oder extrahiert hat, wissen wir nicht. Wahrscheinlicher ist, daß er die fertigen Komponenten bei einem anderen Hersteller kaufte und sie zu eigenen Duftkreationen verarbeitete.

Um die Mitte des 19. Jahrhunderts, als Martin Kappus seine Parfümeriefabrik gründete, begannen sich die Ereignisse in Chemie und Verfahrenstechnik der Seife zu überstürzen. Dies mag ihn auch bewogen haben, sich mit diesen neuen, wenig bekannten Gebieten zu beschäftigen.

Die Arbeiten des Schweden Karl Wilhelm Scheele (1742-1786), des Franzosen Eugéne Chevreul (1786-1889) und des Deutschen Justus von Liebig (1803-1873) hatten die Grundlagen der Seifenchemie entschlüsselt. Man wußte nun, daß alle tierischen und pflanzlichen Öle und Fette aus Fettsäuren und Glyzerin bestanden, daß man sie mit Hilfe von Wärme und Alkalien spalten konnte und daß Seifen nichts anderes waren als fettsaure Salze aus Fettsäuren und Alkalien.

Bis Mitte des Jahrhunderts war die Beschaffung von Alkalien noch recht schwierig gewesen. Das Verfahren zur Herstellung der künstlichen Soda nach Leblanc und Solvay und die großtechnische Gewinnung von Ätzkali und Ätznatron nach dem Elektrolytverfahren der Firma Stroof in Frankfurt/Griesheim beseitigten diese Engpässe. Noch heute, nach 150 Jahren, kauft die Firma Kappus ihre Natronlauge übrigens in diesem Frankfurter Stadtteil.

Zur gleichen Zeit verbilligten und verbreiterten Einfuhren ausländischer Fette wie Kokos-, Palm-, Erdnuß- oder Sojaöl die Rohstoffbasis. Die Dampferzeugung und die Dampfmaschine als Energielieferant schufen die Voraussetzungen für eine rationelle Verfahrenstechnik in der Seifenproduktion. Darüberhinaus war das Glyzerin zum profitablen Abfallprodukt geworden, nachdem Alfred Nobel das Dynamit erfunden hatte. Das waren wichtige Gründe, warum in dieser Zeit viele Seifenfabriken entstanden.

Der Parfümverfertiger Martin Kappus dürfte bis Mitte der 1860er Jahre nach der alten handwerklichen Methode Seife über offenem Feuer gesotten und zum Trocknen in rechteckige Formen und Behälter gegossen haben. Nach einer Weile, wenn ein Teil des Wassers verdunstet und der Seifenanteil in der Grundmasse gestiegen war, hobelte man die abgekühlte und dann feste Rohseife zu kleinen Flocken, gab Parfüm und Farbe dazu und formte sie zu Stücken.

Doch zunächst stellte er Pomaden, Bartwichse, Parfüms, und danach erst Seifen her. Dieses Programm hatte Kappus, trotz aller vermutlicher Vorliebe für die Parfümeriebranche, allerdings nicht allein aus persönlicher Neigung so aufgestellt. Er folgte auch wirtschaftlichen Zwängen: Zunächst, als Jungunternehmer in seinem Elternhaus in der Geleitsstraße 36, hatte er ganz einfach nicht den Platz zum Seifensieden in größerem Maßstab.

Hier haben nun Legende und Wahrheit einen Bogen geschlagen und finden wieder zusammen: Die „billigeren" Artikel hat er deswegen hergestellt, weil er für die „feineren" noch nicht die Ausrüstung hatte. Nicht das Publikum also scheute den Kauf, er selbst war nicht in der Lage, auf technisch komplizierte Weise Luxusartikel zu produzieren. Schon die Produktpalette zeigt das ganz klar: Für Pomade mußte nicht gesotten werden, und darüberhinaus war sie, stark vereinfacht gesagt, der am leichtesten herzustellende Duftstoff, viel einfacher jedenfalls als das ungleich kompliziertere Parfüm.

Die zur Haarpflege benutzte Pomade war in der Renaissance aufgekommen. Es war eine feste, salbenartige Mischung aus Fetten, Wachsen und Harzen, deren Riechstoffe ursprünglich aus gekochten Äpfeln, Gewürznelken und Zimt hergestellt wurden. Sie konnte praktisch in jedem Topf zusammengerührt werden, erforderlich waren nur chemische Grundkenntnisse und eine gute Nase.

Außer Pomade oder Bartwichse wurde vor 1863 im Fabrikgebäude in der Louisenstraße wahrscheinlich kaltgerührte Seife produziert, für deren Herstellung ebenfalls kein Dampfkessel nötig war.

Im Jahr 1863 wurde auf dem Firmengrundstück ein Kesselhaus gebaut, aber erst im Jahr 1886 ist in einem Bauantrag die Rede von Dampfkesseln. Bis ungefähr 1870, hat später Martins Sohn Adolf Kappus der „Offenbacher Zeitung" erzählt, wurde die Seife noch nach althergebrachter Art gesotten.

1866 kaufte Martin Kappus westlich der Fabrik ein Grundstück von rund 1.000 Quadratmetern dazu. Das Firmengelände war dadurch auf insgesamt ca. 1.700 Quadratmeter angewachsen, von denen mehr als 500 mit Fabrik- und Nebengebäuden bebaut waren. 1886, genau zwanzig Jahre später, betrug die Nutzfläche, einschließlich des Wohnhauses, 1.500 Quadratmeter. Im gleichen Jahr wurde die Fassade des Wohnbaus aufs eleganteste neu gestaltet; das Haus bekam eine Einfahrt mit großem Tor, fließendes Wasser, eine geräumige Küche und durch den Ausbau des Daches ein komplettes neues Stockwerk. Die dritte Neuanschaffung war ein Dampfkessel, möglicherweise nicht der erste.

„Zu Anfang der 70er Jahre", schreibt Reinhard Ruhr 1923 in der 'Offenbacher Zeitung', „versuchte er auch die sogenannten polierten Seifen (Anm.: gemeint sind pilierte Seifen) zu verfertigen, stieß aber vorerst auf große Schwierigkei-

Alleinige Inseraten-Annahme
bei **Rudolf Mosse**
Annoncen-Expedition
für sämmtliche Zeitungen
Deutschlands u. d. Auslandes.

# Beiblatt der Fliegenden Blätter.

Insertions-Gebühren
für die
4 gespalt. Nonpareille-Zeile
1 M. 50 ₰ Reichsw.

Nr. 2782 (21) Neuntes Blatt. München, den 18. November 1898. 109. Band.

ten. Auch als er eine Maschine zur Herstellung dieser Seifen aus Paris bezogen hatte, wollte die Produktion dieses Fabrikats nicht recht glücken .... Bis zum Jahre 1870 etwa herrschte in der Fabrik nur die Handarbeit."

Das Pilierverfahren entwickelte sich zwischen 1870 und 1880. Es war eine gewaltige Qualitätsverbesserung, kompliziert zwar, aber das Produkt, das dabei entstand, war von höchster Feinheit: Die vorgemischte Seife wurde über ein Walzwerk aus drei bis fünf gekühlten Walzen geführt und zu einem dünnen Film von wenigen Zehntelmillimetern ausgewalzt. Farbe und Parfüm wurden mit Hilfe dieser Methode gründlich eingearbeitet und fein verteilt, die Masse homogenisiert.

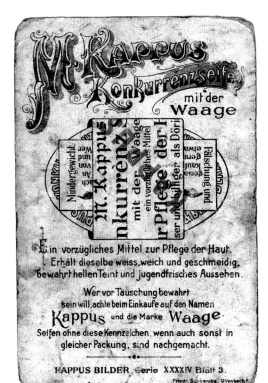

Die „Konkurrenzseife mit der Waage"
war die erste pilierte Feinseife der Welt.

Die Anzahl der Piliervorgänge, der eine Seife unterzogen wird, ist noch heute ein wichtiges Qualitätsmerkmal. Die Seife wird beim Pilieren von einer Walze auf die nächste übertragen und von der letzten Walze als feine Seifenflocken abgespant.

Anschließend wurde sie maschinell durch hohen Druck in Form gepreßt und erhielt ihr endgültiges Aussehen. Durch den Zusatz von Ölen oder Vaseline verwandelte sie sich in eine duftende Pflege-Seife für empfindliche Haut.

Mit der Herstellung solcher Produkte hatte es nun wohl Probleme gegeben, aber Kappus war, so Ruhr, „zäh und ausdauernd ... Es gelang ihm schließlich, eine ganz neue Spezialmarke auf den Markt zu bringen und im Nu führte sie sich in ganz Deutschland ein. Das war die berühmte Kappus-Konkurrenzseife, die ihr Hersteller als die älteste pilierte Markenfeinseife der Welt auslobte, ohne daß die Konkurrenz Widerspruch erhob."

Im Jahr 1949 setzte sich der 74jährige Fritz Schmidt zur Ruhe, nachdem er sein sechzigstes Arbeitsjubiläum in der Firma Kappus gefeiert hatte. „Offenbachs ältester Arbeiter, der noch täglich in den Betrieb geht", schrieb die Offenbach-Post, „erinnert sich noch gut an die Zeit, als er 1888 als Dreizehnjähriger in die Firma Kappus eintrat und unter dem Gründer Johann Martin Kappus ... das Seifensiederhandwerk erlernte. Fünfzig Arbeiter habe damals die Firma beschäftigt und zu dieser Zeit sei die erste Markenseife Deutschlands, die bekannte 'Kappus-Konkurrenz-Seife mit der Waage' zum ersten Mal auf dem Markt erschienen."

Das Leben von Fritz Schmidt ist wie eine Brücke zwischen den Zeiten: Als Lehrbub hat er noch den Fabrikgründer selbst zum Chef gehabt,

**Auf Befehl Seiner Königlichen Hoheit des Grossherzogs**

ist das

von Allerhöchstdemselben gestiftete

# Ehrenzeichen für Mitglieder der freiwilligen Feuerwehren

dem *Obercommandanten der freiwilligen Feuerwehr*
*zu Offenbach Martin Kappus*

in Anerkennung seines fünfundzwanzigjährigen treuen Dienstes in der freiwilligen Feuerwehr verliehen worden, worüber gegenwärtiges Zeugniss ertheilt wird.

Darmstadt, den 6ten September 1884.

### Großherzogliches Ministerium des Innern und der Justiz.

*1884: Der Feuerwehrkommandant wird geehrt.*

er hat bei Kappus gearbeitet, als die Söhne die Leitung übernahmen, er war dabei, als Martins Enkel Chef der Firma wurde, und als er in die Rente ging, war Urenkel Wolfgang Kappus, der als Firmenchef die Feierlichkeiten zum 150. Jubiläum der Firma ausrichten sollte, sechzehn Jahre alt. Er kann sich noch gut an Fritz Schmidt erinnern.

Als Schmidt mit seiner Lehre begann, war der Firmengründer schon fast siebzig Jahre alt. Adolf, sein Ältester, zählte 23, Ludwig, der eben sein „Einjähriges" beim Militär hinter sich hatte und nun Feldwebel war, 21, und Martin junior 16 Jahre, die beiden älteren fest eingebunden ins Geschäft. Die Leitung der Firma war schon weitgehend in ihren Händen, als 1892 neue,

größere Fabrikgebäude, Lagerhallen und Sa-
nitärräume für die Mitarbeiter entstanden. Der Dampfbedarf stieg ständig, und man errichtete ein freistehendes Kesselhaus. 1902 schließlich begann der Bau eines neuen Fabrikgebäudes, der heutigen Siederei.

**DER EHRENBÜRGER**   Martin Kappus hat immer gearbeitet, ein Wort wie 'Pensionsalter' wäre ihm sicher kein Begriff gewesen; in den Nachrufen war später viel die Rede davon, daß er 'bis zuletzt' überall im Betrieb Hand angelegt habe. Auch in der Freizeit scheint er es ohne Beschäftigung nicht ausgehalten zu haben: Bei seinen täglichen Waldspaziergängen soll er immer ein Fremdsprachen-Lehrbuch mit sich getragen haben, um neben dem Körper auch den Geist zu üben. Noch im hohen Alter habe er täglich Vokabeln gepaukt, damit er verstehen konnte, was ihm seine ausländischen Geschäftspartner schrieben. Jede Minute ohne Arbeit sei ihm vergeudete Zeit gewesen.

Das galt auch für die achtziger Jahre, als seine Söhne den Kinderschuhen entwuchsen und sich bereitmachten, das Geschäft eines Tages zu übernehmen. Für den Gründer begann jetzt die Ära der Ehrungen; aus dem zornigen jungen Mann war ein hochgeachteter Mitbürger geworden, den jeder in der Stadt respektierte.

„Auf Befehl seiner königlichen Hoheit des Großherzogs" erhielt der mittlerweile zum Oberkommandanten der freiwilligen Feuerwehr avancierte Martin Kappus am 6. September 1884 in Anerkennung 25jährigen treuen Dienstes das „von Allerhöchstdemselben gestiftete Ehrenzeichen für Mitglieder der freiwilligen Feuerwehr". Schon vor langen Jahren hatte er einen anderen Ehrenbrief für fünfundzwanzigjährige Zugehörigkeit erhalten: Damals, zum Stiftungsfest des Turnvereins, hatte ihm freilich kein Fürst geschrieben, sondern es waren seine Mitturner, die es als ihre „schönste Pflicht" empfanden, „Dank all den

*1888: Urkunde für den Ehrenbürger.*

Wackeren und Braven darzubringen, welche den Verein gegründet, weiter geführt und bis hierher begleitet haben".

Diese beiden so unterschiedlichen Ehrenbriefe waren kennzeichnend für den Verlauf, den das Leben des Geehrten genommen hatte. Aus dem demokratisch geduzten „lieben Bruder und Meister" war der „Obercommandant" und Ex-Stadtrat geworden, ein Mann, der sich dem Patriarchentum näherte und gegen den sich in den achtziger Jahren wohl keiner mehr eine Freiheit nahm.

Aber die höchste Auszeichnung sollte erst noch kommen. 1888, als er das Amt des Oberkommandanten der Feuerwehr abgab, machten ihn die Kameraden zum Ehrenkommandanten, und am 28. Oktober verlieh ihm seine Vaterstadt die Ehrenbürgerwürde. „Die Stadt Offenbach", heißt es auf der schnörkelig verzierten Urkunde, „hat den Herrn Johann Martin Kappus in dankbarer Verdienste um das Gemeinwohl, insbesondere seiner 43jährigen Thätigkeit als oberster Leiter der freiwilligen Feuerwehr zu ihrem Ehrenbürger ernannt, was hiermit bekundet wird. (Stadtverordnetenbeschluß vom 19. Juli 1888). Gezeichnet, Der Oberbürgermeister Brink."

Das Stadtoberhaupt (aus dem Bürgermeister war 1887 ein Oberbürgermeister geworden) irrte: Auf dreiundvierzigjährige Führerschaft bei der Feuerwehr konnte der neue Ehrenbürger nicht zurückblicken. Man erinnere sich: 1861, also siebenundzwanzig Jahre vor der Verleihung war Martin Kappus vom Gemeinderat als „zweiter" in der Hierarchie der Feuerwehr bestätigt worden. Erst im Jahr 1872, als der seitherige Oberkommandant Georg Wilhelm Bode das Amt aus Altersgründen aufgab, war Kappus nachgerückt.

Und hatte ihn nicht erst vor vier Jahren der Fürst für fünfundzwanzigjährige Zugehörigkeit belobigt? Wer sollte in diesem Durcheinander noch durchblicken? Er selbst wird den Irrtum natürlich bemerkt haben, aber er hat ihn fein für sich behalten. Ehrenbürger wird man nicht alle Tage; und um das Gemeinwohl hatte er sich nun wahrhaftig verdient genug gemacht.

Der wahre Anlaß für die Auszeichnung scheint sein Entschluß gewesen zu sein, das Kommando der Feuerwehr niederzulegen. Reich dekoriert zog er sich aus dem öffentlichen Leben zurück: Als neuem Ehrenbürger verlieh ihm zusätzlich der Großherzog das Ritterkreuz 2. Klasse des Ordens „Philipps des Großmütigen". Das Foto, das ihn mit dieser Auszeichnung zeigt, existiert noch; und man sieht ihm an, wie stolz er darauf ist.

**DER PATRIARCH IST TOT**    Im Februar 1891 wurde Martin Kappus der Pate seines ersten Enkels, Martin. Sein Sohn Adolf war verheiratet mit Lina Mehl, die den gleichen Nachnamen trug wie Martin seniors erste Frau. Als der Firmengründer im Oktober 1905 starb, mußte er um den Fortbestand seiner Familie nicht bangen: 21 (einundzwanzig!) Enkel waren zu diesem Zeitpunkt geboren – 24 sollten es insgesamt werden – und seine Tochter Hermine, die Überlebende des Zwillingspärchens, sah erkennbar Mutterfreuden entgegen.

Zwei Jahre nach der Geburt des ersten Enkels, am 1. Januar 1893, nahm Martin Kappus seine Söhne Adolf und Ludwig in die Firma auf, die die Form einer offenen Handelsgesellschaft (OHG) hatte. Adolf ist im Firmenregister als „Fabrikant", Ludwig als „Kaufmann" eingetragen.

Beide Söhne waren, den Fußstapfen ihres Vaters folgend, im öffentlichen Leben engagiert: Adolf leitete seit 1890 als Vorsitzender die Geschicke des Rudervereins Undine; im Jahr 1898 warb er mit einigen Freunden in der Offenbacher Zeitung für die Wahl des nationalliberalen Reichstagskandidaten Schloßmacher, der dem Sozialdemokraten Carl Ulrich jedoch geradezu glorreich unterlag. Ludwig ging zunächst nach Südfrankreich, wo er lernte, ätherische Öle herzustellen, interessierte sich dann aber mehr für die kaufmännischen Belange der Firma. Von 1909 an war er ehrenamtlicher Beigeordneter der Stadt Offenbach.

Daß sich die Familie Kappus nach wie vor im Turnverein engagierte, lag auch daran, daß „man" sich dort traf. Unter seinen 826 Vollmitgliedern im Jahre 1893 waren 227 Handwerksgesellen und sieben ungelernte Arbeiter. Die übrigen waren Fabrikanten, Kaufleute, Handwerksmeister, Freiberufler, Beamte und Angestellte; die wirtschaftlich und politisch führenden Kreise Offenbachs gehörten fast vollständig dem Turnverein an. Mitglieder waren außer Martin und Adolf Kappus beispielsweise die Andrés, die Böhms, Louis Feistmann, Emil Pirazzi, Buchdruckereibesitzer Wilhelm Wagner, Gymnasialdirektor Professor Dr. Schädel, Schuldirektor Dr. Troller, die Zeitungsredakteure Max Ritter und Gustav Steller und Oberbürgermeister Brink, der besonders oft im Verein anzutreffen war.

Mitglied und begeisterter Turner wie einst der Vater war auch der 1872 geborene Martin Kappus. Elf Jahre nach seinen Brüdern trat er, mittlerweile gelernter Seifensieder, in die Firmenleitung ein. Zu diesem Anlaß erhielten die Geschäftspartner einen Brief:

„Offenbach am Main, 1. Januar 1904, Hierdurch beehre ich mich Ihnen mitzuteilen, daß der Senior und Gründer des Hauses Herr Johann Martin Kappus mit dem heutigen Tage ausscheidet und sein Sohn Herr Georg Philipp Martin Kappus dafür in die Firma eintritt, Das Recht des Herrn Johann Martin Kappus 'die Firma zu zeichnen' bleibt auch ferner erhalten. Mit der Bitte von der neuen Unterschrift Kenntnis nehmen zu wollen zeichne hochachtungsvoll M. Kappus."

Aus dem Gründer und unumschränkten Firmenherrscher Martin Kappus war nun also eine Art Ehren-Chef mit Zeichnungsrecht geworden. Er war, als er sich offiziell aus dem Geschäftsleben zurückzog, dreiundachtzig Jahre alt und hatte mitangesehen, wie sich Offenbach aus dem Residenzstädtchen mit etwas über 6.000 Einwohnern zur Industriestadt wandelte, in der 60.000 Menschen lebten, und er hatte zu dieser Entwicklung nicht unwesentlich beigetragen. Aus seinem Sechzig-Quadratmeter-Einmannbetrieb war ein Unternehmen mit einer Nutzfläche von 3.800 Quadratmetern geworden, das nun um die hundert Mitarbeiter beschäftigte. Das Firmengelände war von einst 650 auf eine Größe von rund 11.000 Quadratmetern gewachsen, und man hatte Geschäftsverbindungen in alle Welt.

Er hatte die Erfindung der Piliermaschine erlebt, mit der sich die Seifenherstellung entschieden änderte, er hatte Seife kaltgerührt, sie ohne Dampf und mit Dampf produziert, und war ein Zeitzeuge, als die Elektriziät ihren Siegeszug in allen Lebensbereichen begann. 1883 wurden die Mitarbeiter krankenversichert, 1903 gab es die allgemeine Pensionsberechtigung, und ab 1904 hatten alle Beschäftigten ein Anrecht auf Urlaub, ein Ereignis, das noch selten genug war, um am

*Um die Jahrhundertwende:*
*Firmenkorrespondenz aus aller Welt.*

6. Juli 1904 in der Offenbacher Zeitung vermeldet zu werden: „Einen regelmäßigen Urlaub hat ... auch die Firma M. Kappus nunmehr ... eingeführt. So ist die Zahl der großen Firmen, die derartige Vergünstigungen gewähren ... wieder in erfreulicher Weise vermehrt worden. Mögen diese menschenfreundlichen Beispiele recht zahlreiche Nachahmung finden."

Eine Pioniertat war es auch, als Kappus – ebenfalls 1904 – den Achtstundentag einführte, als zweiter deutscher Betrieb nach Carl Zeiss in Jena. Die Beschäftigten in anderen Betrieben mußten noch 57 Stunden in der Woche arbeiten.

Martin Kappus lebte noch fast zwei Jahre im Ruhestand. Am 11. Oktober 1905 war in der Offenbacher Zeitung zu lesen:

„Der Ehrenbürger unserer Stadt, Johann Martin Kappus, ist heute früh im Alter von fast 85 Jahren gestorben. Der greise Herr war noch bis vor einigen Monaten recht rüstig und geistesfrisch; erst in der letzten Zeit machten sich die Beschwerden des Alters geltend, die jetzt durch einen sanften Tod beendet wurden ... Mit den unzähligen Armen und Bedrückten, die von seiner stillen, selbstlosen Wohltätigkeit und Hilfsbereitschaft zu erzählen wissen, trauert die ganze Stadt Offenbach an der Bahre des Entschlafenen. Er ruhe in Frieden!"

Eine der vielen Todesanzeigen, die nun in der Offenbacher Zeitung erschienen, wurde vom „Kontor- und Arbeiter-Personal der Firmen M. Kappus und Wilh. Rieger" aufgegeben. Letztere hatten früher für die Firma „Saponia" gearbeitet, einer ebenfalls in der Luisenstraße angesiedelten Seifenfabrik, die nun zu Kappus gehörte.

„Mit dem Hinscheiden unseres hochverehrten Seniorchefs", heißt es in diesem Nachruf, „betrauern wir nicht allein den auf das Wohl seiner Angestellten stets treulich bedachten Prinzipal, sondern auch den ersten Arbeiter unter seinen Arbeitern. Bis in sein hohes Alter hinein stand er mit überaus seltener Kraft und Energie mitten unter uns, um sein ... Wissen und Können zum Segen der von ihm begründeten Firma zu weihen."

Johann Martin Kappus, der immer ein fortschrittlicher Mensch gewesen war, der stets versucht hatte, mit den Entwicklungen seiner Zeit Schritt zu halten, wenn er ihnen schon nicht vorauseilen konnte – Martin Kappus verabschiedete sich auf eine ihm gemäße Art aus dieser Welt. Er hatte verfügt, daß sein Körper nicht auf althergebrachte Weise begraben, sondern im modernen, 1891 errichteten Krematorium eingeäschert werden sollte, eine für damalige Zeiten geradezu revolutionäre Form der Bestattung.

Aus der Offenbacher Zeitung vom 14. Oktober 1905: „Johann Martin Kappus wurde gestern nachmittag im hiesigen Krematorium zur letzten Ruhe bestattet. Obwohl angekündigt war, daß die Feier in der Stille vor sich gehen sollte, war die Zahl derjenigen sehr groß, die dem Ehrenbürger unserer Stadt das letzte Geleit gaben.

Besonders feierlich gestaltete sich der Akt durch die Mitwirkung des Turnersängerchors und der Feuerwehrkapelle, die den Begründer des Turnvereins und der Freiwilligen Feuerwehr durch stimmungsvolle Vorträge ehrten. Herr Pfarrer Voigt sprach die tiefempfundene Leichenrede ...

Prächtige Kränze wurden unter kurzen Ansprachen niedergelegt durch Herrn Beigeordneten Walter im Namen der Stadt, durch Herrn Reallehrer Stahl für den Turnverein, durch Herrn Schäfer für das Beamtenpersonal der Kappus'schen Fabrik und durch einen Arbeiter der letzteren im Namen seiner Arbeitskollegen.

Auch sonst umgaben viele herrliche Kränze und Blumen den Sarg des Dahingeschiedenen, Zeugnis ablegend von der Liebe und Verehrung, die ihm aus allen Kreisen der Bevölkerung entgegengebracht wurde."

Magdalene Kappus überlebte ihren Mann um sechs Jahre. Sie starb am 18. Januar 1911, im Alter von siebzig Jahren.

# TEIL 2

## DIE NACHFOLGER

# KAPITEL 6

# DIE ZWEITE GENERATION

**DREI BRÜDER: ADOLF, LUDWIG UND MARTIN JR.** Die prosperierende Stadt Offenbach, in der immer mehr Familien mit schulpflichtigen Kindern lebten, brauchte seit Jahren dringend ein neues Gymnasium. Die bisherigen Provisorien platzten aus allen Nähten, und nachdem sich Stadt und Land im Jahr 1904 darüber hatten einigen können, wer den Bau bezahlen sollte (das Land) und wer das Grundstück stellte (die Stadt), mußte nur noch das geeignete Bauland gefunden werden. Die Entscheidung, die die Stadtverordneten schließlich trafen, erwies sich als ganz großer Glücksfall für die Firma Kappus.

Aus dem Protokoll der Stadtverordnetenversammlung vom 28. April 1904: „Betr. Geländeaustausch zwischen der Stadt Offenbach und Adolf und Ludwig Kappus. Nach Antrag des Verfassungs- und Vermögensausschusses beschließt die Stadtverordnetenversammlung den Austausch der ehemals Levi'schen Hofraite – Luisenstraße 52 – nebst hinterliegendem Gelände mit einem Gesamtflächeninhalt von 4.788 qm an Adolf und Ludwig Kappus gegen das Gelände an der Parkstraße mit 8.634 qm und Zuzahlung von 25.000 M für die Gebäude Luisenstraße 52."

*Das neue Wohnhaus in der Luisenstraße 52, etwa 1933. Am Tor Lore Kappus mit Sohn Georg, im Fenster Ilse Kappus.*

Mit einem Schlag – und zu annehmbaren Kosten – hatten Adolf und Ludwig Kappus das Firmengrundstück auf ca. 11.000 Quadratmeter fast verdoppeln können (Martin junior, seit Januar 1904 der dritte in der Führungsriege, taucht seltsamerweise hier nicht auf). Und sie konnten – sei es aus weiser Voraussicht oder schierem Glück – mit dem Tausch ihrer Parkstraßen-Liegenschaft zwei Fliegen mit einer Klappe schlagen: Denn eigentlich hatten die Stadtverordneten geplant, die neue Schule auf einem Grundstück direkt hinter dem Kappus-Fabrikgelände zu errichten; und damit hätten sie jedem Expansionswunsch der Firma den Riegel vorgeschoben.

Auf dem vorderen Teil des eingetauschten Grundstücks, der Luisenstraße Nr. 52 (aus der 'Louise' war jetzt eine 'Luise' geworden), baute Ludwig Kappus das Wohnhaus für seine Familie.

Ludwig und Adolf Kappus blieben dem Leibniz-Gymnasium über viele Jahre hinweg treu verbunden. Von 1909 bis 1911 spendeten sie für die Schülerwerkstätten insgesamt sechshundert Mark, das sind zweihundert Mark mehr als die Spenden der fünfzehn anderen Geldgeber zusammen. Adolf Kappus ergänzte diese materiellen durch ideell inspirierte Geschenke, sprich Bücher: Ganze Jahrgänge von „Weite Welt" und Werke wie „Vom Fels zum Meer" wanderten in die Schülerbibliothek, und zwei Kappus-Söhne, Schüler der neuen Lehranstalt, spendierten die „Säge eines Sägefischs, eine Schmetterlingssammlung" und „ein Eichhörnchen".

Von beiden Knaben sind keine Hinweise über ein Abitur überliefert, und auch Marie, eine Tochter von Adolf Kappus, hat die Reifeprüfung nicht abgelegt. Sie war eines der insgesamt sechs oder sieben Mädchen, die sich im März 1919 zum schriftlichen Abitur im Zeichensaal einfanden; unter anderem hatte sie einen Aufsatz abzuliefern zum Thema „Mensch sein heißt Kämpfer sein". Ob sie gerade an diesem Thema scheiterte, ist nicht bekannt, sicher ist nur, daß sie das Handtuch warf: Sie trat freiwillig vom Abitur zurück. Zwei Jahre später heiratete sie und zog nach München.

Adolf Kappus

Martin Kappus

Ludwig Kappus

Ihr Vater, Adolf Kappus, war der Senior im Triumvirat der Firmenleitung. Er arbeitete seit 1882 im väterlichen Betrieb und war nun für die Parfümerie zuständig. Der zwei Jahre jüngere Ludwig war kaufmännischer und Martin, der jüngste der Brüder, technischer Direktor. Und auch im Privatleben setzten sie fort, was ihr Vater begonnen hatte: Adolf und Martin engagierten sich in den Vereinen; Ludwig, der vierundzwanzig Jahre der Stadtverordnetenversammlung angehörte, war der homo politicus.

Die Fabrik gedieh auch unter der neuen, dreifachen Leitung. Kurz vor dem ersten Weltkrieg errichteten die Brüder die Siederei, die noch heute steht. Die 1912 in Betrieb genommene Einrichtung, die, wenn auch schwer beschädigt, den ersten und zweiten großen Krieg überstand, war für die damalige Zeit ein Wunderwerk der Technik. Sie erfüllt noch heute, 85 Jahre später, die wesentlichen Voraussetzungen für eine moderne Seifenproduktion.

In vier Stockwerken wurden damals Fertigungsanlagen installiert, die heute die Produktion von 150 Tonnen getrockneter Seife, also eineinhalb Millionen Stück pro Woche zulassen.

Ein Wasserkeller unter der normalen Kellersohle des Gebäudes fängt alles Brauchwasser aus der Produktion auf, damit es wiederverwendet werden kann. Im darüber liegenden Fettkeller mit großen Tanks können über 250 Tonnen Fette und Rohstoffe für die Produktion von zwei Wochen gelagert werden.

Im Erdgeschoß nehmen große Behälter unter den Siedekesseln die bei der Seifenproduktion entstehende Unterlauge, ein Abfallprodukt, auf. In der Decke des Obergeschosses hängen die großen Siedekessel, in denen die eigentliche chemische Reaktion stattfindet. Auf dem Dach stehen Kühltürme, um den Wasserkreislauf rückzukühlen.

Doch zurück zur Jahrhundertwende. Die Fabrik erweiterte ihre Kapazitäten. Die Nutzfläche, die noch 1904 bei 3.800 Quadratmetern gelegen hatte, wurde nach 1914 mit fast fünftausend (4.950) Quadratmeter angegeben.

Der 1. Weltkrieg brach am 1. August 1914 aus. Die Offenbacher versammelten sich in großen Mengen auf dem Aliceplatz, ein Trommelwirbel ertönte, und ein Offizier proklamierte die allgemeine Mobilmachung. Schon am nächsten Tag wurden die Technischen Lehranstalten, die Oberrealschule am Friedrichsplatz und die Mathildenschule in Kasernen oder Lazarette umgewandelt, und am 28. August die ersten Verwundeten eingeliefert.

Im heißen Spätsommer von 1914 ahnte kaum jemand, welch große Umwälzungen auf das ganze Land zukamen und daß die Stadt in vier Jahren, bei Kriegsende, mehr als zweitausend gefallene oder vermißte Soldaten betrauern würde. Doch schon bald bekam man in Offenbach allenthalben erste Knappheiten und Mängel zu spüren, die Brotkarte wurde eingeführt, Kriegsküchen eröffnet, Kriegsanleihen gezeichnet, und die Wirtschaft mußte neue Wege gehen.

Auch die Seifenindustrie blieb davon nicht verschont. Die meisten Rohstoffe für die Herstellung ihrer Erzeugnisse waren bisher aus dem Ausland gekommen; und da diese Wege (wie natürlich auch, in umgekehrter Richtung, für den Export) nun versperrt waren, mußte die Branche wieder auf die Materialien zurückgreifen, mit denen schon die alten Seifensieder in vorindustrieller Zeit gearbeitet hatten.

**67**

*Lore Kappus*
*mit ihren Söhnen Alfons und Georg (ca. 1910).*

Ration von 50 Gramm monatlich zu, und die Qualität reichte bei weitem nicht an das heran, was die Konsumenten mittlerweile gewohnt waren; noch weniger konnte die Rasierseife des Kriegs mit der aus Friedenszeiten konkurrieren.

Die Offenbacher Wirtschaft hielt sich mit Militäraufträgen über Wasser, die ihr die Handelskammer vermittelte; und weil die meisten Arbeiter zu Soldaten geworden waren, gingen immer mehr Fabrikanten dazu über, Frauen einzustellen, später kamen (männliche) Kriegsgefangene dazu. Die Firma Kappus stellte bis 1918 hauptsächlich Kriegsseife, Rasierseife und Seifenpulver her, und die Abnahme war garantiert.

Lore und Ludwig Kappus ließen 1916 ihr Wohnhaus in der Luisenstraße 52 völlig umbauen und neugestalten. Eleonore, genannt Lore, entstammte der alteingesessenen Offenbacher Kolonialwarenhändlerfamilie Weiß. Sie war leidenschaftliche Malerin, und wenn das Wetter schön war und ihre Stimmung danach, pflegte sie sich mit ihrer Staffelei in den Vorgarten in der Luisenstraße zu setzen, nicht selten ganz à la bohéme, im Morgenrock. Die Offenbacher, die vorbeigingen, konnten es nicht fassen, und die rassige Lore mit ihren pechschwarzen Haaren hatte bald ihren Spitznamen weg: die „Zischeunern" (Offenbacher Bezeichnung für Zigeunerin). Nur eine solche, befanden die biederen Bürger, würde es wagen, sich derart gewandet in der Öffentlichkeit zu zeigen.

Ihre beiden Söhne Alfons und Georg waren 1916 elf und sieben Jahre alt, die jüngsten der insgesamt zehn Kinder der drei Firmenchefs. Sie waren die einzigen, die noch so nah beim Stammhaus Luisenstraße 42 lebten; Adolf und

Hatte man von einer Feinseife bis dato beste kosmetische Eigenschaften erwartet, ansprechendes Design und eine liebliche Parfümierung, so konnte jetzt davon nicht mehr die Rede sein. Die gesamte Seifenindustrie wurde kriegsmäßig bewirtschaftet.

Die deutschen Seifenfabriken waren nun gehalten, die sogenannte Kriegsseife aus Kaolin herzustellen. Jedem Deutschen stand davon eine

Lina Kappus wohnten mit ihren sechs Kindern in der Tulpenhof-, Martin und Minna mit Tochter und Sohn in der Körnerstraße.

**DER JUDE KAPPUS** Im Spätsommer und Herbst 1918, nach vier Jahren Krieg, wich die nationale Begeisterung, die im August 1914 die Deutschen geeint hatte, allgemeiner Ernüchterung. Den Deutschen im ganzen Reich war spätestens nach dem Gesuch um Waffenstillstand vom 4. Oktober klar, daß der Krieg verloren war, obwohl bis in die ersten Novembertage noch gekämpft wurde.

Ab Mitte Oktober forderte die Presse die Abdankung der Hohenzollern. Über ganz Deutschland fluteten revolutionäre Wellen. Doch das Volk wollte in erster Linie endlich Frieden haben. Zunächst aber verhallten die Rufe nach dem „Verständigungsfrieden", sprich der Kapitulation des Reiches, ungehört. Die bayrische Regierung, die gemäß der Bismarckschen Verfassung den Vorsitz im Auswärtigen Ausschuß des Bundesrates innehatte, wäre verpflichtet gewesen, derartige Anregungen zu geben. Über die wahre Lage Deutschlands war sie selbstverständlich unterrichtet, denn der bayrische Kronprinz Rupprecht hatte aus dem Feld schon am 15. August 1918 geschrieben, es „hat sich unsere militärische Lage so rapid verschlechtert, daß ich nicht mehr glaube, daß wir über den Winter werden aushalten können, ja, es kann sein, daß bereits früher eine Katastrophe eintritt". Ein Vertrauter des Kaisers telegraphierte am 20. Oktober über die Stimmung in München: „Tatsächlich wünscht überwiegende Mehrheit nur Frieden."

In Hessen sah es ebenso aus. Am 17. Oktober, keinen Monat vor der Abdankung des Kaisers am 9. November, telegrafierte der Offen-

bacher SPD-Parteisekretär Hermann Neumann seinem Parteivorstand: „Durch Herrn Kappus, Offenbach a. M., wurde ich zu einer Unterredung mit dem Prinzen Leopold zu Isenburg gebeten. Die Unterredung fand am Mittwoch, den 16. Oktober 1918 in der Privatwohnung des Prinzen in Darmstadt, Goethestr. 44 statt und dauerte von 6.15 Uhr bis 7.20 Uhr abends."

Wer war dieser Prinz? Wie kam Ludwig Kappus zu seiner Vermittlerrolle, woher kannte er einen Angehörigen des zwar weitgehend machtlosen, aber dennoch heimlich bewunderten Hochadels? Der Fürst war zwar (am 10.3.1866) in Offenbach zur Welt gekommen, ein Altersgenosse des 1867 geborenen Ludwig Kappus, aber als Kinder hatten die beiden ganz sicher nichts miteinander zu tun. Sie trafen sich wohl eher im reiferen Alter: Prinz Leopold saß der Landes-Milch- und Fettstelle in Darmstadt vor, Ludwig Kappus amtierte als eine Art Lebensmittel-Dezernent (er hatte die Versorgung der Offenbacher während der Kriegsjahre organisiert) und später als Aufsichtsratsvorsitzender der Offenbacher Milchversorgungs GmbH. Hermann Neumann, der dritte bei Tisch, avancierte kurz nach diesem Gespräch, im November 1918, für ein Jahr zum Ernährungsminister der provisorischen Regierung Ulrich. Es gibt übrigens eine weitere, beklemmende Verbindung zwischen den Männern, die sich an diesem Oktoberabend 1918 in Darmstadt trafen: Sie starben sämtlich im Jahr 1933, innerhalb von sechs Wochen; Fürst Leopold am 30. Januar, Ludwig Kappus am 15. Februar und am 8. März, durch Selbstmord, Hermann Neumann.

An jenem 18. Oktober 1918 eröffnete der Prinz das Gespräch, indem er seinen Besuchern offenbarte, er sei „kein Sozialdemokrat, aber durchaus demokratisch gesinnt". Eine Reform der Verfassung sei „nicht mehr aufzuhalten". (Leopolds Vorschläge sollten im übrigen auf wenig Gegenliebe stoßen. „Der Versuch des ... Leiters der völlig versagenden Milchversorgung ... durch eine Absetzung des Kaisers und der Hohenzollern die anderen Dynastien ... besonders ... in Darmstadt zu sichern, verfiel kühler ... Ablehnung", schrieb zehn Jahre später, noch immer mit merklichem Naserümpfen, das linke Offenbacher Abendblatt.)

Nach einer Diskussion über die künftige Zusammensetzung der Kammern, in die nun auch Vertreter der Berufsstände, also Handel, Gewerbe, Landwirtschaft und Arbeiterschaft zu wählen seien und weitergehende Reformen („Über die Einführung des allgemeinen Wahlrechts ist nicht mehr zu reden, darüber gibt es keine Diskussion mehr") berichtet Hermann Neumann über weitere Äußerungen des Prinzen:

„Mit der Beseitigung der Hohenzollern müssen wir rechnen. Er (Leopold) hält es für ausgeschlossen, daß Frieden kommt ohne diese Beseitigung ... Dann kam er zu der Frage, wie das neue Deutschland auszusehen habe. Er bitte, folgenden Vorschlag in Erwägung zu ziehen: Errichtung eines Staatenbundes, mit dem Reichstag an der Spitze. Die Leitung des Staatenbundes müßte einem Bundeskanzler übertragen werden ... Als Bundeshauptstadt könnte vielleicht Frankfurt a. M. in Frage kommen. Nicht nur wegen der zentralen Lage, sondern auch wegen der dort wohnenden Juden, die man unbedingt gewinnen müsse."

Diese Passage aus Hermann Müller-Frankens 1928 erschienenen Erinnerungen „Die November-Revolution" greift wenige Jahre später,

1934, ein anderer Autor auf. In „Jude und Arbeiter, ein Abschnitt aus der Tragödie des deutschen Volkes" von F. O. H. Schulz heißt es auf Seite 116: „Welche Fortschritte die jüdische Zersetzung und Unterminierung bereits gemacht hatte, zeigt folgender bisher wenig beachteter, aber nichtsdestoweniger sehr charakteristischer Fall: Im Oktober 1918 lud der Jude Kappus in Offenbach den dortigen sozialdemokratischen Parteisekretär Neumann zu einer Unterredung mit dem Prinzen Leopold ein ..." (Es folgt die exakt aus Müllers Buch zitierte Schilderung der Begegnung; der Vorschlag Leopolds, Frankfurt wegen seiner jüdischen Bürger zur Bundeshauptstadt zu machen ist, wie auch der Name Kappus, gesperrt gedruckt).

„Wie weit Prinz Leopold als Vater dieses Antrags angesprochen werden kann, wird nachträglich nicht mehr festzustellen sein", heißt es weiter. „Es genügt auch für ... die Aufklärung des geschichtlichen Tatbestandes, daß damals bereits der Gedanke einer neuen Reichsverfassung unter besonderer Berücksichtigung jüdischer Bedürfnisse erörtert wurde."

„Jude und Arbeiter", mit 191 Textseiten nicht gerade ein dünnes Traktat, fand gleich nach Erscheinen im Nazi-Deutschland vor dem zweiten Weltkrieg aufmerksame Leser. Die Firma Kappus bekam das zu spüren.

Johannes Hofmann, altgedienter Mitarbeiter, schrieb im Dezember 1946 die folgenden Zeilen, um seinen Beitrag zur Entnazifizierung seines Chefs Alfons Kappus zu leisten: „Seit langen Jahren war ich ... als Reisender bei der Firma M. Kappus tätig. Ich bereiste die Gebiete Sachsen, Thüringen und Schlesien. Kurze Zeit nach dem Umsturz 1933 mußte ich feststellen, daß viele meiner Kunden zögerten, mir weiter Aufträge zu geben. Auf meine Fragen erhielt ich zunächst ausweichende Antworten, bis ich feststellen konnte, daß der Grund der Abneigung gegen eine Geschäftsverbindung mit der Firma M. Kappus in einem Buch zu suchen war, das unter dem Titel „Der Jude und der Arbeiter" damals erschien.

In dieser Schrift hatte der Verfasser den ehemaligen Teilhaber Ludwig Kappus als Juden bezeichnet. Der Verfasser machte außerdem Herrn Kappus den Vorwurf hochverräterischer Betätigung im Jahre 1918. Erst nachdem es in monatelangen Bemühungen der Firma Kappus gelang, eine Berichtigung durch den Verlag zu erzielen, besserten sich die Verhältnisse und die Sache geriet in Vergessenheit. Immerhin bleibt die Tatsache, daß ein erheblicher Umsatz- und Verdienstrückgang damals in Kauf genommen werden mußte."

Daß mit dem „Juden Kappus" sein Vater Ludwig gemeint war, bestätigte Alfons Kappus im November 1945, als er Einspruch gegen seine Entlassung aus der Firma wegen Zugehörigkeit zur NSDAP erhob.

In der zweiten Auflage von „Jude und Arbeiter" war aus dem Juden Kappus ein Herr Kappus geworden. Der Verlag hatte den Wünschen der Nachfolger entsprochen und die leidige Stelle geändert. Dennoch kann, wer will, auch heute noch den ursprünglichen Text lesen: „Jude und Arbeiter", herausgegeben vom „Institut zum Studium der Judenfrage in Zusammenarbeit mit dem Antikomintern" gehört zum Fundus in vielen Universitätsbiblioheken. Der „Jude Kappus" findet sich sogar in Washington: Der Katalog der Library of Congress führt das Buch unter der LCCN-Nummer 35-30693.

## NACHKRIEGSWIRTSCHAFT

Mit der Abdankung Kaiser Wilhelms und der anderen deutschen Fürsten am 9. November 1918 brach der monarchische Obrigkeitsstaat zusammen. Nun begann die Auseinandersetzung um die Form, in der das deutsche Reich, 1871 auf der Basis eines gewonnenen Krieges gegründet, nach diesem verlorenen Krieg weiterbestehen sollte. In Hessen übernahm in den ersten Tagen nach dem 9. November der Arbeiter- und Soldatenrat die Führung, bis, bereits am 14. November, der Offenbacher Sozialdemokrat Carl Ulrich als ältester hessischer Abgeordneter seiner Partei ein Ministerium bildete. Der Arbeiter- und Soldatenrat existierte unter der neuen Bezeichnung „Volksrat" daneben weiter.

Durch Offenbach marschierten jetzt, in den ersten Tagen des Dezember, die geschlagenen deutschen Soldaten, die von der Westfront heimkehrten. Ludwig Kappus stimmte in der Stadtverordnetenversammlung dafür, daß zwei Ehrenpforten zu ihrer Begrüßung aufgestellt wurden. Immer wieder tauchten neue Truppen auf, die von den Offenbachern begrüßt und beschenkt wurden, manche kamen sogar vorübergehend in Privatquartieren unter. Städtisches Notgeld wurde gedruckt, die Zwanzig-, Zehn- und Fünfmarkscheine zeigten auf der Vorderseite das Stadtwappen, auf der Rückseite das Schloß.

Kriegsseife und -bewirtschaftung gehörten der Vergangenheit an. Doch jetzt mußte die Firma Kappus, die vor 1914 einen erklecklichen Prozentsatz ihrer Seifen ins Ausland exportiert hatte, feststellen, daß dieser Absatzmarkt verloren war. Im Land selbst war jedoch das Verlangen nach einer 'richtigen', duftenden und fein schäumenden Toiletteseife so gewachsen, daß die Produktion

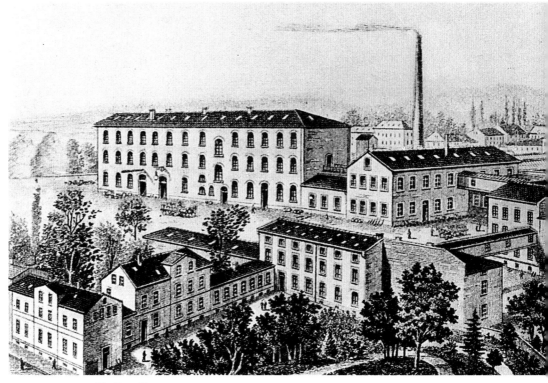

*Die Firma Kappus*
*um die Jahrhundertwende.*

zunächst noch einmal anstieg. Schon bald allerdings folgte dieser anfänglichen Belebung die Inflation, die totale Zerrüttung. Das Geld verlor seinen Wert; bis zum November 1923, als die Währung stabilisiert wurde, war eine Billion Papiermark auf den Gegenwert einer Goldmark gesunken.

Die Seifenhersteller versuchten zu retten, was zu retten war. Sie tagten im August 1921 in Eisenach und beschlossen, ihre Produkte zu Goldmarkpreisen zu verkaufen. Dieser Versuch der Konsolidierung kam für Kappus im richtigen Augenblick: Die Firma steckte seit 1920 in einer Krise, Produktion und Absatz waren stark zurückgegangen, und man hatte Mitarbeiter entlassen

müssen. Anderen in Offenbach war es noch übler gegangen; im Jahr 1924 gab es in der Stadt außer M. Kappus nur noch fünf Seifenfabriken (1850 waren es dreizehn gewesen), darunter C. Naumann, Simon & Dürkheim, G. Böhm.

Adolf, Ludwig und Martin Kappus, die in den ersten Nachkriegsjahren noch immer mit der allgegenwärtigen Knappheit an Rohstoffen konfrontiert waren, führten 1926 als erste in Deutschland die Fließbandarbeit ein. Sie produzierten nun billigere, für jeden bezahlbare Seife. Sie stellten nach wie vor die „Konkurrenz-Seife mit der Waage" her, die sich schon für ihren Vater als Verkaufsschlager erwiesen hatte, für immerhin vierzig Pfennig das Stück. Das Werbe-

motto war: „Willst Du gut beraten sein, kaufe Kappus-Seife ein".

Johann Martin Kappus, der jeglicher Werbung abholde Firmengründer, hätte mit diesem Slogan wenig anzufangen gewußt. Mehr nach seinem Geschmack wäre es wohl gewesen, wie sich die drei, vor allem aber Ludwig, dem Allgemeinwohl widmeten.

**LUDWIG KAPPUS** „Zu Beginn der heutigen öffentlichen Sitzung wurde der Beigeordnete Kappus von dem Vorsitzenden in Eid und Pflicht genommen", notierte der Protokollführer Mosbach in der Stadtverordnetenversammlung am 24. November 1909. Für Ludwig Kappus,

dessen Wahl der Großherzog zuvor ordnungsgemäß bestätigt hatte, war es der Beginn eines langen Engagements in der Kommunalpolitik. 24 Jahre lang sollte er als „unbesoldeter Beigeordneter" diesem Gremium angehören.

Daß er schon bald als Fachmann für den damals hochmodernen Schlachthof galt, mag daran liegen, daß die Seifenfabrikation immer auch mit tierischen Fetten zu tun hatte, obgleich für die parfümierten Toilette- und Feinseifen der Firma Kappus pflanzliche Öle die Hauptrolle spielten. Der Schlachthof war für die Versorgung einer Stadt mit 100.000 Einwohnern ausgelegt und konnte auf eine doppelte Größe ausgebaut werden. Als er 1904 in Betrieb genommen wurde, wohnten etwa 59.000 Menschen in Offenbach, 1910 waren es 75.583, und 1914, am Vorabend des Ersten Weltkriegs, hatte sich die Zahl bereits auf 80.642 erhöht.

„Ab 1907", heißt es (fehlerhaft, was das Jahr betrifft) in einem nach Ludwig Kappus' Tod geschriebenen Personalbogen zur Chronik der Stadt Offenbach, „wurde er zum ehrenamtlichen Beigeordneten ... in die Stadtverwaltung berufen, ... er war Dezernent am Schlachthof ... Während des Weltkrieges übernahm er die Organisation der gesamten Lebensmittelversorgung der Stadt. Außerdem vertrat er den Dezernenten des Gas- & Elektrizitätswerkes sowie manche höhere städtische Beamte, die zum Heeresdienst einberufen wurden.

Seiner inneren Einstellung nach war er ein Anhänger absoluter persönlicher Freiheit. Er war ein Mensch, der vor niemandem katzbuckelte und nur ein Dogma kannte: Für das Wohl seiner Mitmenschen tätig zu sein. Er lehnte jeden religiösen Zwang ab und war daher wie sein Vater ...

*Ludwig Kappus*

Vorstandsmitglied der freireligiösen Gemeinde in Offenbach. Für seine Arbeit im Dienste der Öffentlichkeit erhielt er vom Großherzog von Hessen Auszeichnungen. Die damals mit solchen Auszeichnungen verbundenen Ehrengaben wurden von ihm öffentlichen Wohlfahrtszwecken ... wieder zur Verfügung gestellt."

Ludwig Kappus hat die Ehrengaben, sprich finanzielle Honorare, nicht einfach weitergereicht. So beschloß etwa die Stadtverordnetenversammlung am 19. April 1917 „zum Ausdruck dankbarer Anerkennung der außerordentlichen, während der Kriegszeit von den beiden unbesoldeten Herren Beigeordneten Eißnert und Kappus der Stadt geleisteten Dienste jedem von ihnen eine Ehrengabe von je 5000 M zu bewilligen."

Was Leonhard Eißnert mit seiner Prämie angefangen hat, erfahren wir nicht, aber am 10. Mai 1917 taucht im Protokoll der Anteil seines Mit-Beigeordneten wieder auf als „Stiftung des Beigeordneten Kappus als Grundstein ... zugunsten unbemittelter und begabter Schüler. Die Stadtverordnetenversammlung", heißt es lakonisch weiter, „nimmt die Stiftung von 10 000 M mit Dank an". Ludwig Kappus hatte seine Ehrengabe zurückgegeben und sie dabei verdoppelt.

## LUDWIG – DER VOLKSGENOSSE

Im chaotischen Spätherbst 1918, als sich alles in Deutschland geändert hatte, formierte sich in Offenbach der Arbeiter- und Soldatenrat, der für kurze Zeit die Geschicke der Stadt lenkte. Am 15. November faßte das Gremium, nach langen Beratungen, einen „Beschluß bezüglich Zulassung bürgerlicher Elemente in den Arbeiter- und Soldatenrat. Wenn sich die in Frage kommenden Leute auf unser Programm, die Republik und die republikanische Verfassung ... einigen, soll von Fall zu Fall entschieden werden, ob sie in den Arbeiter- und Soldatenrat eintreten können". So steht es gewichtig im Protokollbuch des Rates, das die Nazis 1936 beschlagnahmten.

Am 18. November kamen die Räte auf die Sache zurück: „Weiter wird gegen einige Stimmen beschlossen, ... von den vorgeschlagenen Herren in den Arbeiter- und Soldatenrat die Herren Bürgermeister Ludwig Kappus und Kaufmann Rud. Krauss zu entsenden."

Das nächste Dokument, vom 27. Dezember 1918 zeigt, daß aus dem Arbeiter- und Soldatenrat ein Volksrat geworden war; die französischen Besatzer hatten die Arbeiter- und Soldatenräte verboten, und so hatten sich die Offenbacher kurzerhand einen neuen Namen gegeben. Während dieser Sitzung wurde der „Volksgenosse Kappus" zum „Mitglied des Aktionsausschusses bestimmt".

In der gleichen Sitzung sprach der Ratsvorsitzende, der Sozialdemokrat Georg Kaul, eine nachdrückliche Warnung vor den marxistisch orientierten, linksradikalen Spartakisten aus, die ein Deutschland nach dem Vorbild der jungen Sowjetunion errichten wollten. Der mehrheitlich sozialdemokratisch besetzte Volksrat bekannte sich indessen zum republikanischen Gedankengut der Regierung Ebert.

Wie berechtigt Kauls Argwohn war, zeigte sich am 18. April, dem Karfreitag des Jahres 1919, als Offenbachs Spartakisten unter der Führung des mehrfach vorbestraften Schlossers Willi Eisenreich versuchten, in einem Handstreich die Kaserne in der Bieberer Straße zu nehmen. Die Kommunisten, von Entbehrungen und schlichtem Hunger gezeichnet, hatten das Vertrauen in die Sozialdemokraten verloren. Der Volksrat sollte gestürzt, eine Diktatur des Proletariats eingerichtet werden, und man gedachte sich dazu mit den Waffen und der Munition auszurüsten, die in der Kaserne gelagert waren.

Georg Kaul, der Wind von diesem geplanten Putsch bekommen hatte, reagierte schnell: Der Volksrat tagte am Abend des Gründonnerstag, verfaßte eine Resolution an die Offenbacher und ließ noch in der Nacht militärische Verstärkung für die Bewachung der Kaserne aus Darmstadt kommen.

Am Karfreitag versammelten sich Eisenreichs Leute auf dem Wilhelmsplatz um dann, durch Reden „aufs höchste erregt" und in angriffslustige Stimmung versetzt, früher als vom Volksrat angenommen in Richtung Kaserne zu marschieren. Daher konnte die Straße nicht mehr, wie vorgesehen, rechtzeitig von Soldaten abgesperrt werden (die strikten Befehl hatten, nur zu schießen, wenn sie selbst angegriffen wurden). Das Blutvergießen war nicht mehr abzuwenden, die Putschisten, angeführt von Eisenreich, brachen die Tore der Kaserne auf, und im Kasernenhof begannen dann die Kämpfe. Wer mit dem Schießen anfing, wurde nie geklärt: Das erste

Todesopfer jedenfalls war ein Polizist. Insgesamt 17 Menschen, Frauen und Männer, ließen bei diesem sogenannten Karfreitagsputsch ihr Leben, 26 erlitten schwere Verletzungen, die bei mindestens einem Opfer noch zum Tode führen sollten.

Willi Eisenreich wurde später zu acht Jahren Zuchthaus verurteilt; er verhielt sich während seines Prozesses so merkwürdig, daß man ihn für geisteskrank hielt und sich die KPD von ihm distanzierte. Offenbachs Oberbürgermeister Dr. Dullo zählte in der Stadtverordnetenversammlung am 25. April alle Vorstrafen der Rädelsführer öffentlich auf; die Putschisten, so Dullo, seien sämtlich „Verbrecher, Prostituierte, Schwachsinnige und Marktsteher".

Auch Ludwig Kappus hat eine Rolle in diesem Drama gespielt. Er war am Abend des Gründonnerstag dabei, als im Aktionsausschuß über das Verhalten im zu erwartenden Putsch debattiert wurde, und seine Unterschrift steht neben zwei anderen unter der Proklamation des Volksrats an die Offenbacher Bevölkerung. Darin hieß es unter anderem, daß „gegen jeden Versuch von Unruhen und Plünderungen mit bewaffneter Gewalt eingeschritten und jeder Versuch, einen Bruderkrieg in Offenbach zu entfesseln, im Keime erstickt" werde.

In weniger hektischen Zeiten war Ludwig Kappus für Fragen der Ernährung zuständig, genau wie früher während des Krieges. Auch in den kommenden Jahren ließ sein ehrenamtliches Engagement in dieser Sache nicht nach, denn steigender Wohlstand oder bessere Versorgung für die Bevölkerung waren noch für lange Zeit nicht abzusehen, Hunger und chronische Unterernährung peinigten die Offenbacher weitaus mehr als politische Probleme.

1921, in der schlimmsten Phase der Inflation, in der laut Offenbacher Zeitung „die Verelendung des Volkes ... furchtbar" war, bewilligten die Stadtverordneten das Geld für den Kauf „städtischer" Kühe und die Subventionierung von Landwirten, die auf eigene Kosten Kühe anschafften. Die Stadt und der Milchhandel taten sich zusammen und gründeten die „Milchversorgungs GmbH Offenbach". Von der Konstituierung am 1. Oktober bis zu seinem Tod war Ludwig Kappus ihr Aufsichtsratsvorsitzender. Die Institution habe, heißt es im Personalbogen, in ganz Deutschland als vorbildlich gegolten: „Der Erfolg ... war durch das rapide Sinken der Säuglingssterblichkeit weit unter den Reichsdurchschnitt unter Beweis gestellt". Noch im Dezember 1920 hatte Stadtarzt Dr. Wimmenauer festgestellt, daß 42 Prozent aller Offenbacher Volksschüler unterernährt waren.

Ludwig Kappus' politische Heimat war die Deutsche Staatspartei, eine Gruppierung, die in Offenbach eine eher mikroskopische Rolle spielte. Den eigentlich politischen Fragen scheint sein Interesse allerdings nicht so recht gegolten zu haben; ein Beispiel mag sein Abstimmungsverhalten am 27. April 1922 geben, als sich die Stadtverordneten erbittert darum stritten, ob der 1. Mai ein Tag der Arbeitsruhe sein sollte oder nicht: Die überwältigende Mehrheit war dafür – darunter die Sozialdemokraten Carl Ulrich und Leonhard Eißnert –, mit Nein stimmte eine beachtliche bürgerliche Minderheit (u.a. die Stadtverordneten Weintraud, Remy und Clara Grein), und fünf Leute enthielten sich der Stimme, darunter der Beigeordnete Kappus.

Seine Sache schien, ähnlich wie es bei seinem Vater war, die Tat und nicht die Beratung gewesen zu sein; und wenn von seiner „uner-

müdlichen" Tätigkeit so oft die Rede war, so dürfte das wörtlich zu nehmen sein: Er hat offenbar keine Sitzung im Rathaus verpaßt, hat in all den Jahren weder entschuldigt noch unentschuldigt gefehlt (auch darüber wurde Buch geführt), außer jeweils zwei Wochen gegen Ende Januar, Anfang Februar. Dann hat er seinen Jahresurlaub in St. Moritz genommen.

Am 27. April 1932 brachte die Offenbacher Zeitung eine Notiz des Presseamts. „Dem Herrn Ludwig Kappus", heißt es darin, „seit Oktober 1909 ehrenamtlich Beigeordneter der Stadt Offenbach, ist aus Anlaß seines heutigen 65. Geburtstages von der Hessischen Staatsregierung die Amtsbezeichnung Bürgermeister verliehen worden."

Als Geburtstagsgeschenk den Titel eines Bürgermeisters – derartige Gaben verlieh das Ministerium des Inneren äußerst selten. Ludwig Kappus war nun ein Bürgermeister h. c. geworden; eine Auszeichnung, die der Ehrenbürgerwürde seines Vaters wenig nachstand.

Daß dieser Geburtstag sein letzter sein würde, ahnte zu diesem Zeitpunkt niemand. Er starb als 65jähriger, ein früher Tod in dieser langlebigen Familie. Am 15. Februar 1933 machte ein Herzschlag seinem Leben ein jähes Ende.

Bei der Trauerfeier im Krematorium hielt Pfarrer Schramm von der Freireligiösen Gemeinde eine Rede, in der er ihn einen Menschen „des guten Herzens, der stetigen Hilfsbereitschaft und Wahrhaftigkeit" nannte. Der Pfarrer bezeichnete Ludwig Kappus später in seinen Memoiren als seinen „besonderen Schützer und Förderer", dessen Tod kurz vor Hitlers Machtergreifung „sein Glück" gewesen sei, „denn er war überzeugter Demokrat und leidenschaftlicher Gegner des aufkommenden Nationalsozialismus. Die hysterischen Wahlreden des kommenden Führers brachten ihn zur Verzweiflung". Selten sei ihm, Schramm, eine Bestattungsrede so schwer gefallen wie diese, denn es sei „bitter, gerade in der gefährlichsten Stunde den väterlichen Freund zu verlieren". Ludwig Kappus habe „stets den Ausgleich, die goldene Mittelstraße zwischen all den Überspanntheiten und Übertreibungen unserer Zeit gesucht und auch gefunden."

Wie es wirklich mit dieser Zeit aussah, was sich deutlich abzeichnete in diesem Februar 1933, war in der Offenbacher Zeitung schwarz auf weiß zu lesen. Auf der gleichen Seite, auf der die Todesmeldung erschien, findet sich eine kleine, unscheinbare Meldung. Unter der Überschrift „Politik in der Preußischen Akademie der Künste" heißt es lapidar: „Heinrich Mann und Käthe Kollwitz sind aus der Akademie der Künste ausgeschieden."

*1932: Ludwig Kappus wird zum Bürgermeister ernannt.*

**ADOLF UND MARTIN KAPPUS**
1933, in Ludwigs Todesjahr, verließ Adolf, der jetzt 68 Jahre alt war, offiziell die Firmenleitung. Die Parfümerie hatte einundfünfzig Jahre, mehr als ein halbes Jahrhundert seines Lebens bestimmt. Er war 1882 als Siebzehnjähriger nach dem Besuch der Oberrealschulen in Offenbach und Darmstadt in die Firma eingetreten. 1893 hatte ihn Martin Kappus senior zusammen mit Ludwig zum Mitinhaber gemacht. Und auch im Ruhestand wollte Adolf Kappus von Ruhe nicht allzuviel wissen: Noch bis zum 20. Dezember 1943 tauchte er jeden Morgen pünktlich um fünf Uhr früh im Werk auf.

Als junger Mann mischte er, wenngleich nicht mit der Ausdauer seines Bruders, auch in der Kommunalpolitik mit. Er war unter den Gründern der Freien Demokratischen Vereinigung in Offenbach, und vor dem Ersten Weltkrieg gehörte er kurze Zeit der Stadtverordnetenversammlung an.

Aus Familientradition zählte er zu den Förderern des Offenbacher Turnvereins; seine wahre Leidenschaft jedoch war das Rudern. Schon als Kind hatte er alle Freizeit, die ihm blieb, in der Klein'schen Badeanstalt am Offenbacher Mainufer verbracht, wo man nicht nur schwimmen, sondern auch rudern konnte. 1886 trat er folgerichtig der Rudergesellschaft Undine bei. 1890 wählten ihn die Ruderer zu ihrem Vorsitzenden, und er blieb es für die nächsten 28 Jahre. Von 1918 an war er Ehrenvorsitzender der Undine, und, so die 'Undine-Zeitung', „seine Stimme verhallte nicht ungehört bei den Beratungen."

Die Veränderungen in der Stadt blieben nicht ohne Folgen auf den Verein. „Mit Macht ging es aufwärts", heißt es in einer Laudatio der Undine-Zeitung" vom 1. März 1925 zum sechzigsten Geburtstag von Adolf Kappus. „Das alte unansehnliche hölzerne Bootshaus mußte der Mainkorrektur weichen, ein stattlicher Neubau entstand. ... Jahre ungetrübten Glücks ... verlebten wir in dem neuen Bootshause am Nordring, bis... auch dort unseres Bleibens nicht mehr sein konnte. Mit der Fertigstellung des neuen Offenbacher Sicherheitshafens wären wir in eine unhaltbare Lage gekommen, wenn unser Adolf nicht tatkräftig vorgesorgt hätte. Schon vor geraumer Zeit ... hatte er ein Grundstück in der Fechenheimer Gemarkung unterhalb der Brücke erworben, auf welchem ein neues geräumiges Bootshaus entstehen sollte ...

Der Bau ... füllte Monate hindurch jede Erholungsstunde unseres Freundes aus ... An einem wunderschönen Maisonntag wurde der Bau seiner Bestimmung übergeben. Adolf Kappus ... konnte mit großer Befriedigung auf sein Werk schauen. Kein Freund von großen Worten glauben wir doch, daß es ihm eine Genugtuung war, als erstes neues Bild, welches unser Heim zieren sollte, sein Ölporträt ... im Vorstandszimmer hängen zu sehen."

Das Wasser ließ Adolf Kappus nicht mehr los. Er wurde passionierter Fischer und vertauschte schließlich das Ruder mit dem Segel, und das mit gutem Erfolg: 1901 gewann er mit seiner Jacht „Rodenstein" den Kaiser-Preis des Mittelrheinischen Segelverbands.

Noch kurz vor seinem Tod ernannte ihn der Geflügelzuchtverein zum Ehrenvorsitzenden. Außerdem engagierte er sich im Bund für Volksbildung und kümmerte sich alljährlich an Weihnachten, Ostern und anderen Festtagen darum, daß mehr als ein Dutzend Kinder aus armen

Offenbacher Familien nicht ohne Geschenke bleiben mußten.

Er starb, fünfundachtzigjährig, am 16. Februar 1950, sieben Jahre, nachdem er aufgehört hatte, regelmäßig in der Firma zu erscheinen. 1948 erlebte er noch zusammen mit seinem Bruder Martin und Ludwigs Sohn Alfons, der jetzt die Firma leitete, die Feier zum hundertsten Bestehen seiner Fabrik. Seine Villa in der Tulpenhofstraße 40, die einen großen, parkartigen Garten und ein Gartenhaus hatte, war Bomben zum Opfer gefallen. Dort hatte es eine Bibliothek mit viertausend Büchern gegeben; immer wieder stiftete er, wie bereits erwähnt, auch Lektüre für die Schülerbücherei des Leibniz-Gymnasiums. Nach der Zerstörung seines Hauses wohnte er nun bei seinem Sohn Hans – er war Siedemeister bei der Firma Kappus – in der Luisenstraße 85.

Zu diesen Zeiten war es still geworden um den alten Herrn. Sein ganzes Leben hatte sich geändert, und schon vor seinem Tod las sich wie ein Nachruf, was ein Vierteljahrhundert zuvor in der Undine-Zeitung gestanden hatte: „Sein lauterer Charakter veranlaßte, daß er seiner Meinung unverhohlen Ausdruck gab, wie er Menschenfurcht nicht kannte. Gern war er froh mit den Fröhlichen. Mancher schöne Abend vereinte uns mit ihm. Die Mitglieder seiner liebenswürdigen Familie, seine Gemahlin, die Söhne und Töchter brachten uns die gleichen Gefühle entgegen. So mag es auch fürderhin bleiben."

Fast genau zwei Jahre später, am 5. Februar 1952, brachte die Offenbach-Post den Nachruf auf Martin, den letzten der drei Brüder, die so lange vereint die Geschicke ihrer Firma gelenkt hatten. Er war im gleichen Monat gestorben wie Adolf und, lange vor ihm, Ludwig.

„Am vergangenen Samstag starb im Alter von 80 Jahren Herr Martin Kappus, der jüngste Sohn des Gründers der bekannten Offenbacher Seifenfabrik.

Als Zwanzigjähriger trat Martin Kappus im Jahre 1892 in den Betrieb ein. An diesem Tag begann ein Leben voller Arbeit. Der Verstorbene trat nur wenig in die Öffentlichkeit. Er wirkte still, kannte nur ein Ziel: Die technische Entwicklung seines Betriebs voranzutreiben und Schritt zu halten mit der Konkurrenz. So half er mit, auch den Namen seiner Vaterstadt in die Welt hinauszutragen.

Beliebt wie sein Vater war Martin Kappus unter der Belegschaft. Der Verstorbene hatte einen aufrichtigen Charakter. Die Mitarbeiter wußten, daß Martin Kappus ein herzensguter Mensch war.

Seine private Leidenschaft galt dem Sport. Als langjähriges Mitglied des Turnvereins Offenbach blieb er dem Turnen bis ins hohe Alter treu. Noch vor dem Kriege konnte man Martin Kappus in der Mittagspause auf dem Hof des Fabrikgeländes in der Luisenstraße beim Stemmen von Hanteln beobachten."

# ZWISCHENKAPITEL

**OFFENBACH UND DAS JAHR 1933** Ludwig Kappus hatte noch erlebt, daß Reichspräsident von Hindenburg am 30. Januar Adolf Hitler mit der Bildung einer Regierung beauftragte. In den Abendstunden des 1. Februar waren Anhänger von SPD, SAP und KPD zu einem Demonstrationszug zusammengekommen, um gegen die Ernennung Hitlers zum Reichskanzler zu protestieren. Die Gefolgsleute der NSDAP dagegen drückten mit einem Fackelzug ihre Freude aus. Zwei Tage später, am 3. Februar, verbot die Offenbacher Polizei derartige Demonstrationen unter freiem Himmel.

Am 1. März durchsuchten Polizisten die Wohnungen von Funktionären der Linksparteien; Bücher und schriftliche Unterlagen wurden beschlagnahmt.

Bei den Reichstagswahlen am 5. März gaben 17.838 der Offenbacher Wahlberechtigten, also 32 Prozent, ihre Stimme für die NSDAP (SPD: 16.933 Stimmen, KPD: 10.317, Zentrum: 6.402; alle übrigen Parteien erhielten weniger als drei Prozent). Am Abend des Wahltages kam es in der Nähe des Hauptbahnhofes zu einem Zusammenstoß, bei dem ein SA-Mann das Reichsbanner-Mitglied Christian Pleß erschoß.

Am 7. März wurde eine Hilfspolizei aus Angehörigen der SA, der SS und des Stahlhelms aufgestellt, und am 9. März durchsuchte die Polizei die Büros der SPD, der KPD und des ADGB (Allgemeiner Deutscher Gewerkschaftsbund).

Am 11. März kam es in der Innenstadt zu Aufläufen vor den in jüdischem Besitz befindlichen Kaufhäusern Tietz (heute Kaufhof) und Woolworth. Auf Empfehlung der Polizei schlossen die Geschäfte vorübergehend.

Am 28. März besetzte die SA die Amtsgebäude; auf dem Rathaus wehte nun die Hakenkreuzfahne. Oberbürgermeister Granzin wurde abgesetzt und von Dr. Schönhals abgelöst. Zahlreiche den Nationalsozialisten mißliebige Verwaltungsbeamte, Lehrer und Polizisten verloren ihre Arbeit; Funktionäre der Linksparteien und der Rabbiner Dienemann wurden in „Schutzhaft" genommen und vielfach mißhandelt. Die Offenbacher Zeitung berichtete, daß sie in das KZ Osthofen bei Worms verbracht wurden.

Auf Betreiben der NSDAP boykottierten die Offenbacher am 1. April Geschäfte, Läden und Praxen von Juden. Am 6. April wurden die ersten Straßen und Plätze umbenannt; so hieß beispielsweise der Aliceplatz nun Horst-Wessel-Platz.

Die Nationalsozialisten feierten am 1. Mai den „nationalen Festtag der Arbeit". An einem Umzug durch die Straßen der Stadt nahmen zweihundert Gruppen, Vereine und Verbände mit 15- bis 20.000 Menschen teil. Der Vorbeimarsch in Achterreihen dauerte eineinhalb Stunden. Von den meisten Häusern hingen Hakenkreuzfahnen.

Die SA besetzte am 2. Mai das Gewerkschaftshaus in der Austraße und nahm Gewerkschaftsfunktionäre für einige Tage in Schutzhaft. Am gleichen Tag beging Georg Kaul, der nun Chefredakteur des „Offenbacher Abendblatts" war, Selbstmord. Er hinterließ einen Zettel mit dem Text: „Vor soviel Gesinnungslumperei schäme ich mich." Am 2. Mai kam das „Offenbacher Abendblatt" zum letztenmal heraus. Am nächsten Tag mußte es sich auf die Mitteilung beschränken, daß die Zeitung „ab heute verboten" sei.

Ende April/Anfang Mai wurden die Wirtschaftsverbände und die Vereine gleichgeschaltet. Den Linksparteien nahestehende Vereine wurden am 16. Mai verboten. Am 22. Mai wurden im Hof des Isenburger Schlosses in Anwesenheit von vier- bis fünftausend Zuschauern „undeutsche" Bücher verbrannt.

Am 23. Mai fand die Vereidigung der Mitglieder des neu gebildeten Stadtrates statt (14 NSDAP, 12 SPD, 5 Zentrum, 1 Schwarz-Weiß-Rot). Das Gremium beschloß einstimmig die Verleihung der Ehrenbürgerrechte an Hitler und Hindenburg. Im Mai und Juni schließlich wurden alle Parteien außer der NSDAP verboten oder lösten sich auf.

Bei der mit einer Reichstagswahl verbundenen Abstimmung über den Austritt Deutschlands aus dem Völkerbund geben am 12. November 12,6 Prozent der Stimmberechtigten ungültige Stimmen ab, um zu zeigen, daß sie mit der Hitler-Regierung nicht einverstanden waren.

*(Quelle: Offenbacher Regesten)*

# $\mathcal{D}$IE DRITTE GENERATION

# KAPITEL 7

**ALFONS KAPPUS**   Im Jahr 1933 übernahm der Sohn von Ludwig Kappus, der damals 28 Jahre alte Alfons, die Leitung des Familienbetriebs. Sein Vater war 1933 gestorben; im gleichen Jahr war sein Onkel Adolf, achtundsechzigjährig, in Pension gegangen, und nur Martin, mittlerweile 63, arbeitete noch „offiziell" in der Firmenleitung. Alfons Kappus war 1925, nach einem einjährigen Aufenthalt in Spanien, mit einem Gehalt von 320 Mark bei der Firma eingetreten.

Als Pennäler sei sein Vater, erzählt Wolfgang Kappus heute, ein „wilder Knabe" gewesen, „der an der Schule nicht sonderlich reüssierte". Folgerichtig verließ er die Lehranstalt vorzeitig. Anstatt weiter die Schulbank zu drücken, zog es den jungen Mann nach Barcelona, wo er ein Jahr lang blieb. Aus dieser Zeit blieb ihm eine Vorliebe für Land und Leute: Spanier gehörten nach dem Krieg zu den ersten ausländischen Arbeitern der Firma Kappus. Damit sein Spanisch nicht einro-

*Alfons Kappus*

stete, unterhielt sich Alfons Kappus gerne mit ihnen in ihrer Muttersprache

1930 heiratete er Elisabeth Franziska Luise Martin, genannt Ilse. Sie war die Tochter des Schiffarztes Otto Martin, der die ganze Welt kannte. Die Familie kam über Umwege nach Offenbach. Nachdem der Vater seine Fahrenszeit beendet hatte, kam er als Arzt von Thüringen nach Heppenheim im Odenwald, bis er sich endgültig als Amtsarzt in Offenbach niederließ.

Ilse und Alfons Kappus wohnten zunächst im Starkenburgring 43 (damals Hindenburgring); 1933 kam in der Greinischen Klinik im Offenbacher Westend ihr Sohn Wolfgang zur Welt.

Kurz darauf siedelte Alfons' verwitwete Mutter nach Frankfurt um, und die junge Familie zog in der Luisenstraße 52 ein. Das kam den Wünschen des neuen Firmenchefs sehr entgegen: Er war nicht nur überzeugter Offenbacher, sondern wollte auch unbedingt neben „seinem Schornstein" wohnen.

**WOLFGANG KAPPUS – ERINNERUNGEN** *„Ich wuchs in der damals noch kopfsteingepflasterten Luisenstraße auf. Es war eine Arbeiterwohngegend mit vielen kleinen Einzelhandels- und Handwerksbetrieben: Frau Wolf verkaufte Kolonialwaren, Frau Seitz am Schillerplatz Gemüse, es gab die Firma Bärenfänger, das Posamentengeschäft Schmiedel und, um die Ecke, die Metzgerei Dietz. Es kamen und gingen der Eismann der Firma Bühling, hausierende Schnürsenkel- und Reisigbesenverkäufer, und zuhause die Waschfrau, die Bügelfrau, das Dienstmädchen und nach der Geburt der ersten Schwester auch die Kinderschwester.*

*Unsere Mutter war eine fröhliche, lebensbejahende, ausnehmend hübsche Frau, eine exzellente Köchin und phantasievolle Mutter. Sie wurde im Pensionat der Herrnhuter Damen und durch ihre Mutter Emmi streng erzogen. Dies hatte sie aber weit weniger geprägt als ihr weltläufiger Vater und die Jugend in der lebensfrohen Odenwälder Weingegend. An ihre gereimten Geschichten nach dem Baden erinnere ich mich heute noch und bin froh, daß ich ein wenig von ihrem Talent geerbt habe. Unserem Vater, der eine eher strikte, konservative Lebensauffassung hatte – er war sogar in Kleidungsfragen so konservativ, daß er bis weit in die Nachkriegszeit einen Stresemann trug; mehrere dieser Anzüge mit gestreifter Hose und schwarzem Jackett hingen im Schrank – widersprach sie oft. Beide entwickelten eine interessante Streitkultur, sehr zum Ergötzen und Nutzen der Familie.*

*Mein Spiel- und Lerngebiet in jenen ersten Jahren war hauptsächlich die Seifenfabrik, neben der wir ja wohnten. Und obwohl natürlich der tägliche Kontakt mit den „Gassenbuben" nicht ausblieb, wuchsen meine Schwestern und ich ziemlich wohlbehütet auf. Unser Vater wollte, daß wir liberal und weltoffen erzogen wurden; über unser Babyalter wachte eine Kinderschwester, die später durch eine englischsprechende Nurse ersetzt wurde, sehr zu unserem Leidwesen, weil wir mit der häßlichen Miß Mary nichts anzufangen wußten. Die dann ersatzweise eingestellte Miß Nora, die hübscher anzuschauen war, mußte wegen der nahenden Kriegsgefahr bald wieder nach England überwechseln.*

*Im Jahre 1939 kam ich in die Goetheschule, in die gemischte Klasse von Fräulein Hammen. Wir schrieben mit dem Griffel auf schwarze Schiefertafeln, Schwamm und Tafellappen gehörten zu unserer Ausrüstung. Auf dem Schulweg überquerte ich jetzt täglich die Straßenbahnschienen der Frankfurter Straße und die der Lokalbahn in der Bahnhofstraße.*

*Wir machten mit der Familie sonntägliche Ausflüge in die Bahnhofsgaststätte, den Kaiserhof, zu Mertes' und Hensels Felsenkeller, zur Oberschweinstiege und zum*

*Pieroth nach Isenburg; andere Höhepunkte dieser Zeit waren der fünfzigste Geburtstag des Führers oder Fastnachtszüge. Das Leben glich im großen und ganzen einer kleinstädtischen Idylle. Die eher dünne Eliteschicht des damaligen Offenbach traf sich bei Stammtischen, Kaffeekränzchen und Sportveranstaltungen. Zu den Höhepunkten gehörten die Besuche bei meiner früh verwitweten Großmutter Lore. Sie war eine südländische Schönheit, die gerne auf ihre Herkunft von den Raubrittern (derer von Weiß zu Limburg) hinwies. Den Offenbacher Bürgern war die Tatsache suspekt, daß sie spät aufstand und – man höre und staune – in Morgenrock ihrem Hobby, der Ölmalerei, nachging. Es rief auch ein Schütteln des Kopfes hervor, daß sie ihr Haus in der Luisenstraße vorne grün anstrich und hinten violett, und sie soll sich (pfui Teufel!) an manchem Vormittag zur Inspiration auch ein Glas Champagner geleistet haben. Daß sie nach dem Tod meines Großvaters ein zweites Mal heiratete, trug ihr ein intensives Naserümpfen der Familie ein, das nach der Scheidung von diesem zweiten Mann zu einem Kopfschütteln ausartete.*

Lore Kappus,
Malerin, Außenseiterin, Schönheit.

*Wir Kinder fanden sie und ihre Wohnung in Frankfurt am Hermann-Göring-Ufer (Schaumainkai) aufregend. Die Art Deco-Einrichtung der hohen Räume mit Blick auf den Main und die immer präsente Staffelei mit einem halbfertigen Ölbild machten diese Oma geheimnisvoll. Sie färbte ihre Haare, trug flatternde Gewänder und viele Ringe an jedem ihrer Finger. Sie faszinierte uns Kinder quasi als Hippie der Jahrhundertwende. Dabei konnte sie viele interessante Dinge, zum Beispiel lachen, ohne das Gesicht zu verziehen, Kartenlegen und Pendeln.*

*In Unterfranken, wohin sie mit uns später, im Krieg, evakuiert wurde, hielten die gläubigen Dörfler Distanz. Sie hieß dort „der gestiefelte Kater" wegen der Schaftstiefel, die sie trug. Durch eine Ironie des Schicksals war sie beim Pfarrer einquartiert, der auf den schönen Namen Dollpatch hörte. Sie verstand sich blendend mit ihm, denn sie war eine gebildete, interessierte Frau. Sie ging keinem Streit aus dem Wege und kümmerte sich keinen Deut um das Geschwätz der Leute.*

*Für meinen überkorrekten Großvater Ludwig war sie sicherlich keine leichte Bürde, aber er trug sie klaglos. Sie vererbte den nachfolgenden Generationen Kreativität, Selbstbewußtsein und Offenheit.*

Gleich nach dem Umzug, im April 1935, ließ Alfons den Dachstock des Wohnhauses ausbauen; es entstanden drei geräumige Zimmer, drei Kammern und ein großes Bad. Vielleicht wollte er gerüstet sein, falls seine Nachkommenschaft ähnlich zahlreich ausfallen sollte wie einst die seines Großvaters. 1936 wurde Ursula, die erste Toch-

in der 52, wo er die ersten Jahre zusammen mit der Familie seines Bruders lebte. Das Verhältnis der beiden Brüder blieb lebenslang „produktiv gespannt". Der intellektuelle Georg, ein eher theoretisch ausgerichteter Jurist, war dem pragmatischen Alfons immer ein wenig fremd. Trotzdem war Georg nicht nur Patenonkel und Mentor

*Die vierte Generation wächst heran:*
*Von links: Helga, Wolfgang, Katja, Mutter Ilse und Ursula.*

ter, geboren, 1938 folgte Helga und 1942 die jüngste, Katja. „Was geschehen wäre, wenn der Krieg nicht die Kontinuität dieser Produktion unterbrochen hätte, ließ er sich nie entlocken", sagt heute sein Sohn Wolfgang.

Georg Kappus, der jüngere Bruder, der später Anwalt und als Jurist promoviert wurde, hatte bisher im alten Stammhaus der Familie, der Nr. 42 gewohnt und bezog nun den zweiten Stock

für Alfons' Sohn Wolfgang, sondern auch ein Leben lang juristischer Berater und kritischer Gesprächspartner für den Bruder.

Alfons Kappus, dessen einziges Lieblingsfach in der ungeliebten Schule die Chemie gewesen war, kümmerte sich nun auch in der Firma hauptsächlich um die chemischen und technischen Abläufe. Zwar hätte ihn ein Chemieexperiment in jungen Jahren beinahe das Augenlicht gekostet – eines seiner Gemische explodierte und das ließ ihn für zwei Tage erblinden –, aber das änderte nichts an seiner Leidenschaft für dieses Metier. Er entwickelte eine Menge neuer Artikel, wie etwa das selbsttätige Waschmittel „Eins-Zwei-Drei", das sich zum wichtigsten Konkurrenten von Persil mauserte. Dazu kamen das Einweichmittel „Urkraft" und das Bleichmittel „So Was". Der Slogan zu alledem lautete: „Zum Waschen braucht man dreierlei, Urkraft, So Was, Eins-Zwei-Drei".

Außerdem gab es unter dem Markennamen „Siegesperle" Zahnpasta und Glyzerin-Handcreme, und natürlich verkaufte man nach wie vor die „Kappus-Konkurrenz-Seife", die älteste pilierte Markenfeinseife der Welt. Zu besonderen Anlässen wie Weihnachten oder Ostern wurden spezielle handbemalte Seifen hergestellt. Jeweils zwanzig Saisonarbeiter saßen dann an drei, vier, manchmal sogar fünf Bändern, und eine komplette Hundertschaft pinselte mit wasserlöslichen Farben die Dekorationen.

Alfons Kappus' Innovationsfreude war grenzenlos, aber, wie sich seine Mitarbeiter erinnern, für sie manchmal auch nervenaufreibend. Alles, was er in unzähligen Laborstunden mit naturwissenschaftlicher Akribie und Geduld entwickelt hatte, mußte anschließend sofort ausprobiert werden. Die Geduld, die er im Labor gezeigt hatte, verließ ihn, er wollte jetzt sofort Ergebnisse sehen, und so durchzogen dann Schläuche anstelle von Rohren und Gummikabel statt

sauber verlegter Leitungen die ganze Firma; und die Handwerker hatten anschließend Wochen damit zu tun, das Chaos wieder zu entwirren.

Im Jahr 1937 organisierte er die gesamte Firma neu. „Die Firma Kappus", teilte der Kreisobmann der DAF (Deutsche Arbeitsfront) Anfang 1941 der NSDAP-Kreisleitung in einem vertrau-

*Kappus-Lieferwagen um 1925.*

lichen Schreiben mit, „... hat ... in den letzten Jahren eine wesentliche Verbesserung erfahren. Die Arbeitsräume sind zum größten Teil neu hergerichtet. Aufenthalts-, Wasch- und Umkleideräume sind vorhanden. Die soziale Gestaltung ist wesentlich verbessert und in der Betriebsordnung verankert."

Anfang 1933 hatte die DAF die gleichgeschalteten Gewerkschaftsverbände in einem Gesamtverband der Arbeiter übernommen. Sie vergab diverse Auszeichnungen wie etwa das Gütezeichen für vorbildliche Betriebseinrichtungen, mit dem die Betriebe anschließend auch werben konnten.

Alfons Kappus allerdings lag mit der DAF in ständigem Clinch. Umgekehrt war es ebenso, wie das Schreiben des Obmanns klar erkennen läßt: „Als Betriebsführer ist Herr Alfons Kappus ... tätig. Wenn auch die gesamte Betriebsgestaltung in Ordnung geht, so ist dies nicht allein auf die Initiative des Betriebsführers zurückzuführen, da er einen ziemlich herrischen Standpunkt einnimmt ... er meint, er sei der alleinige Herr im Betrieb ... Herrn Kappus ist daran gelegen, immer im Vordergrund zu stehen, um zu zeigen, welch großer Betriebsführer er ist ... Klagen von seiten der Gefolgschaft gegen Herrn Kappus bestehen keine. Heil Hitler!"

Adolf Hitler höchstpersönlich hatte 1936 den Wettbewerb zur Auszeichnung „Nationalsozialistischer Musterbetrieb" initiiert, und Reichsleiter Robert Ley verdeutlichte, was man sich darunter vorzustellen hatte: „Vorbildlich ist heute ... nicht mehr der Betrieb, welcher lediglich den größten Gewinn zu verzeichnen hat, sondern jener, der auf der Basis gesunder wirtschaftlicher Verhältnisse eine Menschenbetreuung durchführt, die dem Volke das Wertvollste erhält, was ihm gegeben ist: Die Arbeitskraft."

Alfons Kappus ließ bei der Erneuerungsaktion alle Fensterbänke in der Firma abschrägen, um das Abstellen unnützer Dinge zu verhindern, verbot das Aufhängen und Anpinnen ungerahmter Bilder und setzte überall Ordnung und Sauberkeit durch, aus seiner Sicht eine wichtige, die Produktivität steigernde Komponente. Wolfgang Kappus: „Das alles dokumentierte er mit der Filmkamera; das Ergebnis führte er dann seinen Mitarbeitern vor. Dabei sparte er selbstkritisch auch die leere Asbach Uralt-Flasche im Chefzimmer nicht aus."

Und auch was seine Mitarbeiter in ihrer Freizeit trieben, interessierte ihn: So hatte die Firma zu dieser Zeit eine eigene Fußballmannschaft, und ab Mitte der dreißiger Jahre veranstalteten die Kappus'schen Arbeiterinnen und Arbeiter alljährlich einen fastnachtlichen Aufzug. Am Fastnachtsdienstag 1934, heißt es, hätten die Mitarbeiter nichts als Unsinn im Kopf gehabt, bis ihr Chef schließlich kapitulierte, eine Musikkapelle herbeizitierte und sie alle zusammen auf die Straße schickte. Aus diesem spontanen fröhlichen Trubel habe sich der Offenbacher Fastnachtszug entwickelt, der sich bis zum Anfang der sechziger Jahre hielt.

*Fastnachtsdienstag 1934:*
*Die Kappus-Mannschaft im Fastnachtszug.*

Dann brach der zweite Weltkrieg aus, und die Produktion war, wie schon in der Zeit von 1914-18, der Zwangswirtschaft unterstellt. Wieder einmal stellte die Firma den verlangten Anteil an Kriegsseife, einem Produkt aus viel Kaolin und wenig Seife her, sogenannte Schwimmseife, deren Volumen man durch Hineinblasen von viel Luft vergrößerte sowie ein anderes Produkt das die Bezeichnung RIF 0093 trug .

„Rif", war am 25. Juli 1941 in der Offenbacher Zeitung zu lesen, „wird nicht von den Rifkabylen Marokkos abgeleitet … es ist die Abkürzung der 'Reichsstelle für industrielle Fette', deren Vorschriften für jegliche Fabrikation von Seifenerzeugnissen maßgebend sind". Welche Auswirkungen das nach diesen Vorschriften zusammengesottene Gemisch auf die Nasen der damaligen Zeitgenossen hatte, beschreibt die Zeitung so: „Der Geruch ist laugig wie faule Brühe und kann sich zur Penetranz verdichten, gegen die man mit Gasmasken angehen möchte. … (Der Ruch entweicht) den Bottichen, Kesseln und Lagern einer Seifenfabrik an der Luisenstraße. Je nach der Witterung lastet er recht ausdauernd im Revier um den Schillerplatz."

Zu den RIF-Produkten gehörten auch eine Rasierseife und ein Waschmittel; Seife und Rasierseife zeichneten sich durch besonders hohen Fettgehalt und einen Zusatz an Kaolin aus, ein Füllstoff, der bewirkte, daß sich die Seifen nicht zu rasch verbrauchten. Um an Ausgangsstoffe zu kommen, organisierte Alfons Kappus eine spezielle Fettsammlung. Dafür wurden in die Abflüsse von Hotels und anderen großen Verbrauchern Fettfänger eingebaut, das so Gewonnene wurde vorbehandelt und schließlich zu Seife weiterverarbeitet.

Hauptsächlich galt es nun auch, Zuteilungen an Rohstoffen und Bezugsscheine für Ersatzteile zu ergattern. Eingezogene Mitarbeiter mußten ersetzt werden, denn die Produktion lief trotz aller Widrigkeiten weiter. Immer mehr Frauen besetzten die Arbeitsplätze, eine Entwicklung, die allerdings bereits vor dem Ersten Weltkrieg eingesetzt hatte: Zwischen 1907 und 1925 war die Zahl der in der deutschen Seifenindustrie beschäftigten Männer um knapp zwei Prozent gestiegen, die der Frauen dagegen um 90 Prozent.

Alfons, dem, so sein Sohn, „alle politischen Extremisten von links und rechts gleich suspekt waren", verdrängte wie viele andere die Probleme des Dritten Reichs und konzentrierte sich auf die alltäglichen Schwierigkeiten. Vor 1938 hatte er auf einer seiner seltenen Reisen die USA kennengelernt und schätzte deren wirtschaftliches Potential richtig ein. Nach dem Kriegseintritt der Vereinigten Staaten hielt er den Krieg für endgültig verloren.

Er trat der NSDAP sehr spät, im Jahr 1940, bei; als „Betriebsführer" glaubte er keine andere Wahl zu haben. Wegen einer langwierigen Bauchfellvereiterung, die beinahe zu seinem Tod geführt hätte, wurde er nicht zum Kriegsdienst eingezogen. Stattdessen befehligte er in den Bombennächten in alter Familientradition als Kommandant aller Werkfeuerwehren Offenbachs den Einsatz dieser Wehren zunächst vom Polizeipräsidium, dann vom Stadthofbunker aus. Bei jedem angemeldeten Anflug von Feindflugzeugen begab er sich in seine Befehlsstelle. Wolfgang Kappus: „Er war ein guter Organisator und besaß viel Autorität. Dadurch hat er wohl manche Offenbacher Fabrik vor dem Abbrennen bewahrt."

„Sein böses Maul", wie es der Offenbacher Polizeipräsident Eichel nannte, hatte Alfons Kappus allerdings weniger unter Kontrolle. Im August 1944 hatte Eichel schließlich genug von seinen „ständigen zersetzenden Reden" und Alfons Kappus wurde fristlos gefeuert (was ihm zwei Jahre später bei seiner Entnazifizierung eine große Hilfe sein sollte).

1944 sah die Sache allerdings anders aus. In einer eidesstattlichen Erklärung an die Offenbacher Spruchkammer schrieb später unter vielen anderen, die sich zum gleichen Thema äußerten, der ehemalige Leiter des Werkluftschutzes in Hessen, Waldemar Ringleb:

„Eines Tages teilte mir der Polizeidirektor Eichel mit, daß er Herrn Kappus ... abgesetzt habe. Diese Maßnahme war ... ganz ungewöhnlich ... Als Begründung gab Eichel dann auch an, daß Kappus politisch völlig untragbar sei. Er wende sich bei jeder Gelegenheit gegen die Bestrebungen des Staates und insbesondere der Partei und übe eine ausgesprochen zersetzende Kritik. Es sei unmöglich, einen Mann dieser politischen Haltung weiter in der Stelle des Abschnittleiters zu belassen ... Herr Kappus arbeitete ... immer gegen die Tendenz, aus dem Werkluftschutz eine Parteiangelegenheit zu machen."

Alfons Kappus konnte weder seinen Hinauswurf noch die stückweise Zerstörung der eigenen Firma, der mittlerweile zehn russische und zehn „volksdeutsche" Zwangsarbeiterinnen zugewiesen worden waren, verhindern. Bereits am 20. Dezember 1943 brannte ein großer Teil der Anlagen ab. Sohn Wolfgang und seine Mutter Ilse, die den Angriff im Hermann Göring-Bunker in der Rathenaustraße miterlebten, sahen die Stadt und große Teile der Fabrik in Flammen aufgehen und niederbrennen. Die drei Schwestern waren zu dieser Zeit evakuiert; sie lebten unter Aufsicht ihrer Kinderschwester in Unterfranken.

Am 18. März 1944 wurden weitere Teile der Fabrik zerstört. Auch das Wohnhaus, dessen zweites Stockwerk schon beim vorangegangenen Angriff ausgebrannt war, wurde noch einmal getroffen. Nun standen nur noch das Erdgeschoß, die Siederei, die bereits stark beschädigt war, und ein paar Nebengebäude, darunter der erste Fabrikbau. Im Januar 1945 wurde dann alles durch einen Sprengbombenangriff endgültig vernichtet, auch der Fahrzeugpark, der aus mehr als 20 Autos bestanden hatte. Nur die Siederei und das Haus, das der Firmengründer Johann Martin Kappus einst in der Luisenstraße 42 für seine Familie gebaut hatte, standen noch.

**WOLFGANG KAPPUS – ERINNERUNGEN** *Kurz nach Schuleintritt brach der zweite Weltkrieg aus. Mein Vater, der sofort Luftangriffe voraussah und sie bereits zum Anfang des Krieges erwartete, transportierte seine Familie in eine Gartenhütte in die Nähe des Maunzenweihers. Für uns Kinder war das alles sehr romantisch, mit Plumpsklo, Wasser aus der Gartenpumpe und Essen, gekocht auf dem Spirituskocher. Für den Schulweg hieß es mit dem Fahrrad jeden Tag ein paar Kilometer nach Offenbach hineinzufahren. Inzwischen ging ich in die Schillerschule, in eine reine Knabenklasse bei Lehrer Simrock, der noch eifrig den Rohrstock benutzte und die Hosen strammzog. Die Hütte wurde später im Krieg übrigens ein Opfer der Flammen.*
*Die Eltern waren bald der Meinung, daß der Volksschulaufenthalt an mich, einen recht aufgeweckten Knaben, zu wenige Anforderungen stellte und be-*

# BOMBENKATASTER OFFENBACH A. M.

*Nach drei schweren Bombenangriffen
blieben von der Firma nur noch
Trümmer (1945). Als erste packten
die Frauen beim Wiederaufbau an.*

### Militärische Einrichtungen

|  |  |
|---|---|
| Sprengbomben, RAF ( Royal Air Force ) | Scheinwerferstellung, SW mit 150/200 Ø |
| Sprengbomben, USAAF | Flakstellung für 2 cm / 3,7 cm Geschütze |
| Langzeitzünder ( LZZ ), Blindgänger, Zerscheller | Eisenbahnflak, mobiler Standort ( 10,5/12,8 cm) |
| W  Löschwasserbecken ( 200 – 550 cbm Inhalt ) | |
| B  LS. - Bunker ( A 1,1/1,4 m und A 2,0/1,4 m ) | Flakstellung stationär ( 6×8,8 cm) |
| Splitterschutzgräben ( ca. 25 m – × 2 m × 1,5 m) | |
| Flakgranatenfunde am Mainufer 1950/1956 | Flugzeugabstürze im Stadtgebiet |
|  | Scheinanlagen ( Rumpenheim #2 und Heusenstamm #8 ) |

*Das war einmal das Wohnhaus
in der Luisenstraße 52.*

schlossen, mich nach dreijähriger Volksschulzeit ins Gymnasium umzuschulen. Nach einer Aufnahmeprüfung und einer hochnotpeinlichen Befragung durch Dr. Hinrichs, den Direktor der damaligen Hindenburg-Oberschule (heutige Leibniz-Schule) an der Parkstraße, wurde ich 1942 Schüler der Klasse Ib.

Im Alter von zehn Jahren wurde ich wie alle Knaben dieser Altersklasse Mitglied des Jungvolks und gehörte dem Fähnlein Sieben, Bann 287 im Gau Hessen/ Nassau an. Mit Stolz trugen wir damals Koppel, Braunhemd, Halstuch, Lederknoten, Schulterklappe und die Insignien der braunen Machthaber. Für uns Zehnjährige war es eine Gaudi. Das „Heim" des Fähnlein Sieben befand sich in der Geleitsstraße 73, im Hinterhaus, das 1997 abgerissen wurde. Hier fanden bei schlechtem Wetter oder im Winter unsere Zusammenkünfte statt: Wir bastelten, sangen und wurden indoktriniert. Obwohl die Führungshierarchie vom Fähnleinführer über Jungzugführer bis zum Jungschaftsführer genau eingehalten werden mußte, besaß ich ein Mittel, kleine Pressionen auszuüben: Das Heim war an die Elektroversorgung der Firma Kappus angeschlossen und ich wußte, wo die Hauptsicherung war. Wenn es Ärger gab, ging das Licht aus.

Inzwischen war Realität geworden, was mein Vater schon vor Jahren befürchtet hatte. Nach kleineren Luftangriffen mit Bombentreffern in der Taunusstraße und im Buchrainweg begannen die Massenbombardements. Von nun an waren immer ausgebombte Freunde und Bekannte Gäste im zweistöckigen Gebäude in der

*Luisenstraße. Der zweite Stock diente als Notunterkunft, solange unser Haus noch stand.*

*Im Jahre 1943 wurden meine Schwestern zusammen mit der Kinderschwester nach Untererthal in Unterfranken ausgelagert. Ich war immer noch in Offenbach und ging, je nach Grad der Zerstörung und Belegungssituation der Offenbacher Schulen, entweder im Schulgebäude an der Parkstraße oder in der Oberrealschule an der Waldstraße in die Schule.*

*Am 20. Dezember 1943 ereignete sich einer der schlimmsten Angriffe auf Offenbach. Meine Mutter und ich hatten uns im Bunker in der Hermann-Göring-Straße (heutige Rathenaustraße) in Sicherheit gebracht; das ganze Gebäude schwankte durch die Gewalt der Sprengbomben und Luftminen. Nach der Entwarnung brannte der ganze Stadtteil vom Bahndamm bis zur Frankfurter Straße und noch darüber hinaus. Wir kämpften uns von der Rathenaustraße über den Umweg Bismarck-, Tulpenhof- und Frankfurter Straße zur Luisenstraße durch und sahen das Wohnhaus und große Teile der Fabrik in Flammen stehen. Der Brand des Wohnhauses konnte gelöscht werden, aber das zweite Stockwerk war dem Feuer zum Opfer gefallen. In den nächsten Tagen erhielt das Haus ein Notdach.*

*Drei Tage später, einen Tag vor Heiligabend 1943, organisierte mein Vater mit dem nicht requirierten BMW eines guten alten Freundes, Franz Mayer, eine Fahrt nach Untererthal, wo die bombengeschädigte Familie Weihnachten feierte. Ich blieb nun auch dort und ging in Hammelburg, dem nächsten größeren Ort, zur Schule. Jeden Tag mußte ich vier Kilometer über einen Berg und wieder zurück radeln, in der Endphase des Krieges ein gefährliches Unterfangen, denn die britischen und amerikanischen Tiefflieger schossen auf alles, was sich bewegte. Viele Male verschwand ich auf meinem Schulweg kurzfristig in den Straßengraben oder ich kroch in Entwässerungsröhren.*

*Wann immer unser Vater es einrichten konnte, kam er am Wochenende mit dem Holzvergaser nach Untererthal. Gegen Ende des Krieges war nur noch eine kleine NSU, 98 ccm Sachs-Motor, als Fortbewegungsmittel da, und oft haben wir ihn, wenn er nach fünf-, sechsstündiger Fahrt vollkommen steifgefroren ankam, vom Motorrad gehoben.*

*Ich empfand diese Zeit bei den Bauern als eine sehr prägende Periode, die mir viel über die Natur beigebracht hat und darüber, wie man mit ihr umgeht. Als „Mann" der Familie hatte ich Hühner und Hasen und den Gemüsegarten zu betreuen. Die Pumpe befand sich etwa zweihundert Meter vom Haus, jeder Tropfen Wasser mußte mühsam herantransportiert werden.*

*Am 18. März 1944 zerstörten Sprengbomben in Offenbach den ersten Stock des Wohnhauses und weitere Teile der Fabrik. Im Januar 1945 erledigte ein Bombenteppich zwischen Ludwigstraße und Luisenstraße die Firma Kappus endgültig. Auch das Parterre in der Luisenstraße 52 ging den Weg alles Irdischen.*

*Im Mai 1945 beschlossen meine Mutter, ich, eine ebenfalls evakuierte Tante und deren Vater eine Aktion auf eigene Faust. Mit dem Fahrrad schlugen wir vier uns auf Schleichwegen durch die Spessartwälder. Rechts und links vom Weg sahen wir liegengebliebenes und weggeworfenes Kriegsgerät; die Angst vor marodierenden Polen und anderem Ungemach saß uns im Genick. Unser Grüppchen gelangte jedoch glücklich über Gräfendorf nach Bad Orb, wo eine Freundin der Mutter wohnte, die die Radler aufnahm. Am nächsten Tag ging es weiter nach Offenbach, wo wir meinen Vater und die sonstigen Verwandten und Bekannten gesund und munter vorfanden.*

**KAPPUS HILFT BEIM KUCHEN-BACKEN** Alfons Kappus erlebte das Kriegsende 1945 in Offenbach. Seine Frau und Wolfgang, die mit der restlichen Familie das Kriegsende in Untererthal erwartet hatten, kehrten im Mai 45 mit dem Rad auf Schleichwegen durch den Spessart in die Stadt zurück. In der Nachkriegszeit war Alfons Kappus in seinem Element. Es galt, die Firma wieder ganz neu aufzubauen – zuerst das Kesselhaus aus Trümmersteinen –, und er entdeckte die Maurerei als neues Hobby. Er war von morgens bis abends auf dem Baugerüst und setzte Tausende von Backsteinen mit eigener Hand. Daneben organisierte er Baumaterialien, wobei ihm seine chemischen Kenntnisse gute Dienste leisteten. So ließ er dem Sand Karbidschlamm beimengen und erhielt so eine Kalkverbindung, die einen hervorragenden Mörtel ergab.

Die Firma Kappus produzierte während dieser Zeit hauptsächlich eine Sandseife mit dem Namen „Zaza". Das Zaza-Stück kostete 18 Pfen-

nige, und die LKWs standen um den Block Luisen-, Frankfurter- und Ludwigstraße, um sie abzuholen. Außerdem wurde Scheuersand hergestellt und Knochenleim aus Lederabfällen gekocht.

Wie einfallsreich Alfons Kappus war, wenn es darum ging, mit den Ressourcen zu wirtschaften, die gerade zur Verfügung standen, mag sich an einem Erzeugnis ganz besonderer Art zeigen, das die Firma nur einmal, kurz nach dem Krieg herstellte: Ein Backpulver. Der Grund für die Produktion dieser doch recht betriebsfremden Ware war ganz einfach: Die Firma besaß einen Vorrat an Natrium-Bikarbonat, aus dem man Backpulver machen konnte.

Weil es jedoch keine Zitronensäure gab, die man dem Bikarbonat beimengen konnte, stand in der Gebrauchsanweisung auf dem Backpulvertütchen, daß dem Teig drei Eßlöffel Essig zuzufügen seien. Die meisten Hausfrauen wollten aber ihre wertvollen Backwerke nicht durch ein derartiges Experiment versäuern – und blieben im wahrsten Sinn des Wortes auf ihren sitzenge-bliebenen Kuchen sitzen.

Durch intensives Verhandeln mit den Amerikanern erreichte Alfons Kappus, daß sie ihm ein Mainschiff mit Fässern voller Öl, das in der Nähe von Obernburg gesunken war, zur Bergung zuteilten. Da allerdings der gesamte Wagenpark der Firma im Krieg verbrannt war, verpflichtete die Offenbacher Fahrbereitschaft

(eine städtische Nachkriegsbehörde) sämtliche Besitzer Offenbacher Firmenfahrzeuge, das wert-volle Gut mit ihren fahrbaren Untersätzen in die Stadt zu transportieren.

Dafür brauchte man vier Wochenenden, an denen alles, was vier Räder und einen Motor hatte, für die Firma Kappus unterwegs war. Die abenteuerlichsten Fahrzeuge, manche mit zwei Anhängern, brachten das Öl in die Stadt.

**WOLFGANG KAPPUS – ERINNERUNGEN** *Als große Nach-kriegskommune lebten wir nun in der Frankfurter Straße 113 in der Vierzimmer-wohnung meines Onkels, Dr. Georg Kappus, der noch in Gefangenschaft war. Fünfzehn bis achtzehn Leute kampierten auf Sesseln, Stühlen, Sofas und in Betten, auf dem Boden, sogar die Veranda war belegt.*

*Die Fähigkeit meiner Mutter, sich ohne großes Aufhebens solch neuen Situa-tionen anzupassen und praktische Lösungen zu suchen, hat ihrer Familie das Überleben nach dem Krieg erleichtert. Unserem korrekten, gesetzestreuen Vater gingen „krumme Touren" gegen den Strich. Bei ihm hätten wir wahrscheinlich noch intensiver Hunger gelitten.*

*Mutter Ilse organisierte und tauschte zum Entsetzen des Familienvorstands, was das Zeug hielt. Was sie tauschte, verwandelte sie in innovative Gerichte. Ihr „Kar-toffelgulasch" aus Kartoffeln und Rüben und ihr „Zuckerrüben-Trester-Kuchen" würden ihr heute mindestens zwei Sterne im Michelin einbringen. Sie kochte gern und war eine Gastgeberin von Gottes Gnaden. Ihre große Familie mit vier Kindern plus Personal hatte sie fest im Griff. Sie feierte gerne und verstand es selbst in den miesesten Zeiten, Geburtstage zu einem außergewöhnlichen Ereig-nis werden zu lassen.*

*In der Luisenstraße bauten Frauen und ein paar Männer zusammen mit meinem Vater und mir die ersten Gebäude wieder auf. Das erste Bauwerk, das repariert wurde, war das Kesselhaus. Die Frauen hatten mühsam Stein für Stein vom Mörtel befreit, die Männer erledigten währenddessen die körperlich schwere Arbeit, mauerten und versuchten, die Produktion in Gang zu bringen. Mein Vater ließ die Innenwände ohne Verputz, damit die Nachwelt die Mauerstruktur aus den Trümmersteinen sehen konnte. Der alte Dampfkessel, der eine Delle hatte, wurde etwas TÜV-widrig, mit Hilfe einer Hochdruckpumpe, repariert.*

*Kappus-Mitarbeiter Kurt Weitz und Valentin Sommer
beim Walzen der Seife.*

*Die gewalzte Seife kommt in den Mischer.*

*Frauenarbeit: Die handgeschnittenen Stücke
werden auf primitiven Handpressen geformt.*

Die Fabrik war wieder soweit, erste richtige Kernseife zu produzieren, als ein Rückschlag kam: Alfons mußte im September 1945 wegen seiner Parteizugehörigkeit die Firma verlassen. Als Treuhänder übernahm Fritz Seeger die Führung. Er wurde zusammen mit Joseph Schoppe, Kurt Föller und Heinz Dellbrügge Stütze der Firma in der Nachkriegszeit.

Der Christdemokrat Hermann Schoppe, ehemals Vizepräsident des hessischen Landtags und direkt gewählter Landtagsabgeordneter für den Wahlkreis Offenbach, berichtet von den Erinnerungen seines im November 1997 im Alter von 86 Jahren gestorbenen Vaters Joseph:

„Mein Vater erinnerte sich noch sehr gut an die Zeit nach dem Krieg bis zur Währungsreform, als das Geld nahezu wertlos war und er als Einkäufer sogenannte Kompensationsgeschäfte betrieb, sowohl für das Unternehmen selbst als auch für die Mitarbeiter bei Kappus. Baumaterialien zum Aufbau zerstörter Gebäude wurden mit der Lieferung von Seifen bezahlt. Von der Firma Hechler in Darmstadt-Eberstadt wurde Pappmaterial bezogen, das ebenfalls mit Seife bezahlt wurde. Diese Pappe wurde einem anderen Lieferanten zur Verfügung gestellt, der daraus die Kartons für die Verpackung der Seifen, von Waschpulver und anderen Produkten herstellte.

Um Nahrungsmittel für die Mitarbeiter zu beschaffen, fuhr mein Vater zu Bauern im Kreis Offenbach, im Spessart und im Odenwald. So konnte er einmal im Winter zwanzig Zentner Kartoffeln organisieren, wurde allerdings bei der Aktion ertappt und zu einer Geldstrafe verurteilt. Die Kartoffeln wurden beschlagnahmt und im Freien gelagert. Die erfrorenen Kartoffeln wurden später weiterveräußert.

Während mein Vater anfänglich mit dem Waschpulver von Kappus noch gute Kompensationsgeschäfte machen konnte, stiegen im Lauf der Zeit die Ansprüche seiner Geschäftspartner: Sie verlangten dann für ihre Nahrungsmittel Autoreifen, Schreibmaschinen oder Teppiche.

Von Einzelhändlern, die Kappus-Seife kauften, erwarb mein Vater größere Mengen Natrium-Bicarbonat, das im Betrieb abgepackt und den Mitarbeitern als Backzusatz zur Verfügung gestellt wurde. Zum Backen bekamen sie auch Öl; es stammte von einem Schiff, das Leinöl geladen hatte. Dieses sollte zur Herstellung von Seife dienen. Ein Teil des Öls wurde dann im Kappus-Labor für die Mitarbeiter destilliert.

Der Landrat von Obernburg hatte der Firma Kappus Zigaretten zur Verfügung gestellt. Mein Vater erinnerte sich daran, daß sowohl der damalige Prokurist Fritz Seeger als auch er gelegentlich Zigaretten der Firma 'Wappengold'

bekamen. Zigarettenpapier beschaffte mein Vater von der Firma Lupus in Pforzheim, der er Schwimm- oder Kaolinseife verkaufte. Für 20 Päckchen Zigarettenpapier gaben die Bauern dann einen Zentner Weizenmehl ... Schließlich wurden auf diese Art und Weise für die Mitarbeiter der Firma Kappus auch Schuhe beschafft."

Im Jahr 1975 feierte Joseph Schoppe sein 51. Arbeitsjubiläum bei der Firma Kappus. Oberbürgermeister Walter Buckpesch überreichte ihm für sein „berufliches, gewerkschaftliches, politisches und kirchliches Engagement" den Verdienstorden der Bundesrepublik Deutschland.

**DER NAZI KAPPUS** Für Alfons Kappus hatte indessen, kurz nach dem Krieg, eine Art Spießrutenlauf begonnen. Obwohl er seinerzeit lange gezögert hatte, bis er in die NSDAP eintrat, und obwohl er stets erklärte, mehr im Interesse seiner Firma – er dachte an Aufträge

*Reklame à la Nachkriegszeit: Wandelnde Seifenpulverpakete in der Frankfurter Straße (ca. 1948).*

und Rohstoffzuteilungen – zum Parteigenossen geworden zu sein, bestand kein Zweifel, daß er im Besitz eines Parteibuchs gewesen war. Das Spruchkammerverfahren nach dem „Gesetz zur Befreiung vom Nationalsozialismus und Militarismus" gegen ihn wurde eingeleitet.

Schon im Frühjahr 1945 hatten die Amerikaner begonnen, NS-Funktionäre und Beamte zu verhaften und in Internierungslager zu bringen. Bis Ende 1945 arrestierten sie in der US-Zone über 100.000 als „gefährlich" eingestufte Personen. Am 26. September 45 ordnete die Militärregierung dann an, daß auch Führungskräfte der Privatwirtschaft, die Mitglieder der NSDAP gewesen waren, nicht mehr in leitender Stellung, sondern nur noch als gewöhnliche Arbeiter beschäftigt werden durften.

Schließlich fühlten sich die Amerikaner mit der Beurteilung von so vielen Menschen überfordert – jeder Deutsche über Achtzehn mußte in jenen Tagen einen Fragebogen über das eigene Verhalten im Dritten Reich ausfüllen – und übertrugen die Aufgabe der deutschen Zivilverwaltung. Als Grundlage für deren Urteilsfindung galt das „Gesetz zur Befreiung von Nationalsozialismus und Militarismus" vom 5. März 1946.

Für die zu erwartenden Verfahren wurden in Hessen 101 Spruchkammern und acht Berufungskammern eingerichtet. Sie hatten über die Einstufung jedes Erwachsenen in eine der fünf folgenden Kategorien zu entscheiden: Gruppe 1 umfaßte die 'Hauptschuldigen', dazu gehörten etwa Angehörige der Gestapo, führende Reichs- und Parteibeamte, Verantwortliche für Plünderungen; Gruppe 2 beschrieb die 'Aktivisten', beispielsweise Denunzianten; der Gruppe 3 wurden die 'Minderbelasteten' (z.B. Personen,

die frühzeitig 'erkennbar' vom Nationalsozialismus abgerückt waren) und Gruppe 4 'Mitläufer' (in der Regel nur nominelle Mitglieder) zugeordnet. Gruppe 5 schließlich waren die 'Entlasteten', die trotz formeller Mitgliedschaft aktiven Widerstand gegen das Regime geleistet und Nachteile erlitten hatten. Ob das Verfahren schriftlich oder mündlich stattfand, hing von der Schwere des Falles ab.

Zur Sühne konnten Arbeitslager bis zu zehn Jahren, Einzug des Vermögens oder Geldbußen verhängt werden. Außerdem drohten Beschäftigungsverbote; Hauptbelastete und Belastete konnten beispielsweise damit rechnen, für mindestens zehn Jahre weder als Lehrer, Prediger, Redakteur, Schriftsteller oder Rundfunk-Kommentator noch als Unternehmer arbeiten zu dürfen. Für die Betroffenen in allen fünf Gruppen aber galt, daß sie vor ihrer Einstufung zumindest nur eingeschränkt arbeiten konnten.

Das blieb nicht ohne Folgen auf die sich neu konstituierende Nachkriegswirtschaft. In den Jahren 1945 und 46 wurden in Hessen nicht weniger als 26,4 Prozent der leitenden Angestellten aus der privaten Wirtschaft zumindest vorübergehend entlassen; zu dieser Gruppe zählte auch Alfons Kappus. Dieser – entnazifizierungsbedingte – Mangel an Führungskräften (der im öffentlichen Dienst sein Pendant fand), veranlaßte die Spruchkammern, solche Gruppen mit Vorrang zu entnazifizieren. Das wiederum brachte die Öffentlichkeit auf; die Großen, hieß es, lasse man laufen, aber die Kleinen hänge man.

Private Mißgunst, pesönlicher Neid sollten auch im Fall Alfons Kappus' noch eine Rolle spielen. Sein Cousin Martin, der Sohn von Adolf Kappus, schwärzte ihn bei den Ermittlern als

Erz-Nazi an, der unter anderem „um Aufnahme in die Partei gebettelt" habe. Zwei Arbeiter unterstützten diese Aussage.

Martins Behauptungen schienen zunächst großes Gewicht zu haben, bis sich herausstellte, daß ihn Alfons am 31. Dezember 1943 als Teilhaber verabschiedet hatte. „Wurde ausgebootet", kritzelte der Ermittlungsbeamte an den Rand des Denunziantenbriefs. Wenig später nahm Martin Kappus denn auch kleinlaut und unter halbherzigen Ausflüchten seine Behauptungen zurück. Einer der beiden Arbeiter entpuppte sich als überführter Dieb, der andere war ebenfalls entlassen worden, und so kam es, daß die Bezichtigungen des Trios Alfons Kappus letztlich eher nutzten als, wie beabsichtigt, schadeten.

Er selbst hat auch schriftlich zu diesen Vorwürfen Stellung genommen. Dabei befleißigte er sich einer bemerkenswert vornehmen Zurückhaltung – für alle, die Alfons' nachgewiesen cholerisches Temperament kannten, sicher eine Quelle des Staunens: „Wenn ich behaupte", schrieb er an den Staatsanwalt, „daß es niemanden geben kann, der mir nationalsozialistische ... Gesinnung ... vorwerfen kann, so bin ich mir bewußt, daß ich als Leiter eines größeren Unternehmens nicht nur Freunde haben kann, ganz besonders, weil ich von jeher nur den Grundsatz der Leistung anerkannt und aus erwiesener Unfähigkeit ohne Rücksicht auf die Person die gebotenen Konsequenzen gezogen habe. Sollte daher je behauptet werden, daß meine Gesinnung ... nicht zu allen Zeiten gegen den Nationalsozialismus gerichtet gewesen sei, so kann das nur von einer Seite her kommen, die diesen meinen Grundsatz der Leistung zu spüren bekommen hat und nun zu niedrigen Verleumdungen ihre Zuflucht nimmt."

Diesen fein formulierten, aber vernichtenden Worten legte Alfons Kappus die Bestätigung von „43 alten Arbeitern und Angestellten sowie des Betriebsrats meines Betriebs" bei.

Am 16. Januar 1946 bat er die Militärregierung um die „Genehmigung zur Auszahlung des Auseinandersetzungsguthabens an einen ausgeschiedenen Gesellschafter". Martin Kappus, am 31. Dezember 1943 aus der Firma verabschiedet, erhielt die ihm zustehenden 66.501,89 Reichsmark und verschwand danach endgültig aus dem Blickfeld und dem Leben seines Cousins.

Bereits im September 1945 hatte Alfons Kappus den ersten Melde- und Fragebogen ausgefüllt, in dem er den Amerikanern Auskunft über sein Verhalten im Dritten Reich geben sollte. Noch während dieses Prüfungsverfahren lief, schickte am 25. April 1946, zwei Tage nach seinem 41. Geburtstag, die deutsche Spruchkammer in Offenbach den zweiten Fragebogen. Von der amerikanischen Untersuchung hörte Alfons Kappus nichts mehr, die Zuständigkeit war, wie oben geschildert, in deutsche Hand übergegangen.

Gegen ihn sprach vor allem die Mitgliedschaft in der NSDAP. Als Grund für seinen Parteieintritt im Jahr 1940 nannte er die „wachsenden Schwierigkeiten, meinen Willen als Leiter des Unternehmens gegenüber den Parteibeauftragten im Betrieb durchzusetzen". Außerdem war er passives Mitglied im NSKK (NS-Kraftfahr-Korps), in der NSV (NS Volkswohlfahrt), der DAF (Deutsche Arbeits-Front) und, bis 1940, förderndes Mitglied der SS (Monatsbeitrag: zwei Mark). Schwer wog dabei allein die Parteimitgliedschaft, alles andere wertete man, wie aus den Unterlagen hervorgeht, als geringeres bis gar kein Übel.

Alfons Kappus selbst bezeichnete diese Mitgliedschaften und seine Aktivitäten als Werkluftschutzleiter („die Offenbacher Industrie drängte mich dazu, weil sonst der Werkschutz der Polizei und der Partei unterstellt worden wäre") als „schlechte Punkte", die gegen ihn sprachen. Doch er konnte einiges anführen, das zu seinen Gunsten sprach, und jeder Punkt wurde durch so viele schriftliche Zeugnisse erhärtet, daß sogar der gegen ihn ermittelnde Staatsanwalt von den „stoßweise eidesstattlichen Erklärungen" beeindruckt war.

Da Alfons Kappus, der keinem Streit aus dem Weg ging, bei „zahllosen Gelegenheiten ... mit den Dienststellen der Partei und des Staates" Auseinandersetzungen hatte, die „von kleinen Nadelstichen bis zu den heftigsten Zusammenstößen gingen", war er, wie er seinen Ermittlern schrieb, beizeiten vorsichtig geworden. Er konnte beweisen, daß er sämtliche Telefongespräche, die er mit Nazi-Organisationen führte, auf einer „eigens angeschafften Spezialapparatur" aufgezeichnet hatte; standen persönliche Treffen an, sorgte „soweit dies möglich war, ein in einer Tischlampe eingebautes Mikrophon für die Registrierung der Unterhaltung".

Beweise konnte er auch beibringen dafür, daß er „bis zur Schließung der betreffenden Betriebe bzw. zur Auswanderung der Inhaber" die „Verbindung mit jüdischen Geschäftsfreunden aufrecht erhalten" und die ihm zugewiesenen Fremdarbeiter „genau wie alle anderen Betriebsangehörigen" behandelt habe.

Auch der Umstand, daß die Nazis ihn als Leiter des Werkluftschutzes gefeuert hatten, kam Alfons Kappus zugute: „Mein Verhalten ... veranlaßte den Offenbacher Polizeidirektor ... mich ab-

zusetzen ... Als Begründung erklärte er mir damals, daß ich politisch für einen so exponierten Posten nicht tragbar sei. Darüberhinaus waren weitere Maßnahmen gegen mich geplant. Ich sollte entweder ins KZ verbracht werden oder zum Militär eingezogen und in eine Strafabteilung eingereiht werden ... weil ich abfällige Bemerkungen gegen alles Uniformierte gemacht hatte." Ein Freund, fährt er fort, habe ihn aber gewarnt: „Ich habe daraufhin am gleichen Tag meine Flucht in den Spessart vorbereitet und bin ... nach Untererthal gefahren. Für den Fall, daß man versuchen sollte, mich dort zu verhaften, habe ich mir eine Unterkunft in Griechenbach in der Rhön gesichert."

In Untererthal habe er sich versteckt gehalten, aber „durch zuverlässige Mittelsmänner stand ich mit Offenbach in ständiger Verbindung um zu erfahren ..., ob ... die Möglichkeit für eine Rückkehr besteht. Eine entsprechende Nachricht ging erst nach mehreren Wochen ein. Ich mußte während dieser Zeit meinen Betrieb ohne tatkräftige Führung lassen ..."

Seinem Schreiben hatte Alfons Kappus einen Stapel von dreißig eidesstattlichen Erklärungen beigelegt, die in einigen Fällen von mehreren Zeugen unterschrieben waren. Vier Beispiele seien hier zitiert.

## ENTLASTUNGSZEUGEN

**WLADYSLAWA KVETOWICH:** „Zur Vorlage bei der Spruchkammer Offenbach erkläre ich folgendes an Eidesstatt: Ich kam mit neun Kameradinnen am 17.6.1942 zur Firma M. Kappus, Seifenfabrik, zur Arbeit. Arbeitskleider und Schuhwerk wurden uns zur Verfügung gestellt. Das Essen war ausreichend und kräftig. Die uns zugewiesene Arbeit war die gleiche wie die Deutschen verrichten mußten. Ein Unterschied in der Behandlung ... bestand nicht. Besonders hebe ich hervor, daß von seiten des ... Leiters des Betriebs, Herrn Alfons Kappus, alles getan wurde, um unsere Lebensbedingungen denen der Deutschen gleichzustellen. So ist mir bekannt, daß bis zum Kriegsschluß von Herrn Kappus verhindert wurde, daß wir das Ostabzeichen tragen mußten, trotzdem von der Polizei und der Arbeitsfront immer wieder versucht wurde, dieser Vorschrift Geltung zu verschaffen.

Ich kann weiter bezeugen, daß in Krankheitsfällen alles getan wurde, um ärztliche Hilfe und Medikamente zu verschaffen. So wurde u.a. trotz großer Schwierigkeiten durchgesetzt, daß eine Kameradin von mir ein paar Wochen zur Beobachtung ins Krankenhaus kam, obwohl von seiten der Amtsärzte das nicht befürwortet worden war.

Es wurde uns keinerlei Ausgangsbeschränkung weder nachts noch am Tage auferlegt. Dem Eingreifen des Herrn Kappus war es zu verdanken, daß das uns zugeteilte Brot, das auf Anordnung der Arbeitsfront mit Zusätzen von Rübenschnitzeln gebacken wurde und unverdaulich war, nach kurzer Zeit nicht mehr ausgegeben wurde, wir vielmehr das gleiche Brot wie die übrige Bevölkerung erhielten.

... Nach der Zerstörung unseres Lagers am 20. Dez. 1943 ist raschestens dafür gesorgt worden, daß wir, obwohl der Betrieb und zahlreiche Werkswohnungen schwer zerstört waren, wieder ein annehmbares Unterkommen bekamen.

Herr Kappus stellte uns damals aus seinen Privatbeständen alle Hilfsmittel zur Verfügung wie beispielsweise Kochgeschirr, eine Nähmaschine, Kleidungsstücke, Bettzeug und Decken. Auch konnten wir abends in der Privatwohnung des Herrn Kappus in der Küche zusammensitzen, um zu nähen und während der Fliegeralarme stand uns der Luftschutzkeller seines Wohnhauses ebenfalls zur Verfügung. An der Ausübung des Gottesdienstes sowie dem Besuch der Kirche, der offiziell ... verboten war, wurden wir in keiner Weise gehindert.

Ich erkläre dies alles freiwillig auch namens meiner Kameradinnen und bin bereit, diese Aussagen durch Eid zu erhärten.
Offenbach am Main, den 6. Dezember 1946"

**LINA BEHRENSDORF:** "Ich habe aus politischen Gründen als Halbarierin meinen Arbeitsplatz bei der Firma Gebr. Heyne, Offenbach, im Mai 1939 aufgegeben. Bei der Firma Kappus wurde ich sofort beschäftigt ... Herr Alfons Kappus ließ keine unterschiedliche Behandlung ... zu. Vor Angriffen durch Parteiorgane ..., die auch meine Entfernung aus dem Betrieb verlangten, wurde ich in Schutz genommen. Oft nahm ich den Rat und die Hilfe des Herrn Kappus in Anspruch, wenn ich politischen Verfolgungen ausgesetzt war.

... Ich kann behaupten, daß ich nie eine positive Einstellung zum Nationalsozialismus bei Herrn Kappus feststellen konnte. Er war im Gegenteil als Gegner dieser Ideen immer bekannt.
Offenbach, den 19.12.46"

**CARL JOHN,** Inhaber der Gaststätte Euler: „Herr Alfons Kappus gehört seit Jahren zu den Stammgästen meines Lokals. Ich erhielt daher auch Kenntnis von der fristlosen Entlassung, die im August 1944 gegen ihn als Werkschutzabschnittleiter von dem damaligen Polizeidirektor Eichel ausgesprochen wurde. (Dieser sagte mir), daß Herr Kappus politisch völlig untragbar sei. Er sagte wörtlich: ,Sein böses Maul auf politischem Gebiet zwang mich, ihn rauszuschmeißen. Er kann von Glück sagen, daß er noch nicht eingesperrt ist.'

Diese Äußerung konnte ich umso besser verstehen, da ich selbst öfter gezwungen war, um nicht mich und meine anderen Gäste zu gefährden, ihn zur Mäßigung bei seinen politischen Reden anzuhalten. Er bediente sich nie des Grußes ,Heil Hitler'. Wenn er überhaupt grüßte, wählte er neutrale Formeln wie ,Servus' und ähnliche. Ich selbst war kein Mitglied der Partei und deren Gliederungen.
Offenbach am Main"

### ELLA TAUBENBERGER:

"Im August 1944 fand abends in meiner Wohnung ... eine Beratung über einen Fluchtplan des Herrn Kappus statt. Er war einige Tage vorher aus politischen Gründen als Werkluftschutzabschnittsleiter vom Polizeidirektor abgesetzt worden. Es bestand Grund zur Annahme, daß er verhaftet werden sollte ... Es wurde vereinbart, daß Herr M. sowohl wie auch Frau R. Fahrräder bereitstellen sollten, um Herrn Kappus ein Entkommen in den Spessart zu ermöglichen. Dort sollte ihm bei einer ausgebombten Familie aus Offenbach

Unterschlupf gewährt werden. Im Falle der Undurchführbarkeit dieses Plans bot Herr R., der als Zahnarzt im Hanauer Kieferlazarett tätig war, ihm vorübergehende Unterbringung als Patient dort an.

Ich kann weiter bezeugen, daß die direkten Vorgesetzten des Herrn Kappus in Werkluftschutzangelegenheiten ... sich intensiv bemühten, die schlimmsten Folgen, nämlich seine Verhaftung abzuwenden, was ihnen auch schließlich gelang ... Ich war weder Parteimitglied, noch gehörte ich einer Organisation an.
Offenbach am Main, Frankfurter Straße 113"

Die vielen schriftlichen und mündlichen Aussagen zugunsten von Alfons Kappus verfehlten ihre Wirkung nicht, ebenso wie das Abrücken

*Entlastet.*
*Beschluß vom 13.2.1947.*

seines Vetters Martin von seiner Denunziation. Am 13. Februar 1947 beschloß die Spruchkammer, das Verfahren gegen ihn einzustellen. Es war ein Freispruch erster Klasse: Er wurde in die fünfte, von allen angestrebte Kategorie der „Entlasteten" eingestuft. „Die angestellten Ermittlungen ergaben", so der öffentliche Kläger Mellem, „daß der Betroffene in keiner Weise als Anhänger oder gar Aktivist des Nazi-Regimes anzusprechen ist." Das Urteil trat am 26. März in Kraft, und von diesem Tag an durfte Alfons Kappus wieder arbeiten – als Geschäftsführer in seinem eigenen Betrieb.

Nun verließen wieder Seifen und andere Produkte die Firma, die dem Vorkriegsstandard entsprachen. Dazu gehörten die Kernseife „marsa", Kappus „Sandelholzseife", „Seife Nr. 5", „Original Kappus-Seife", nach wie vor die „Konkurrenzseife" und eine Menge anderer neuer Artikel. Mit Luxusseifen wagte sich Alfons Kappus aber erst später, kurz nach der Währungsreform 1948, wieder auf den Markt. Die Serie „for ladies only", „for gentlemen only" und „for babies only" wurde ein großer Erfolg, obwohl das Stück immerhin 3,75 DM kostete.

Alfons Kappus suchte immer neue Produkte. Mit dem Wasch- und Spülmittel A + O („Nimm A + O und mach das so") erfand er ein Universalreinigungsmittel, das vom Auto aus verkauft wurde. Das erste „neue" Fahrzeug war ein alter Opel P4, der später durch einen Ford Eifel ergänzt wurde. Während des Kriegs und in den ersten Nachkriegsjahren waren mit Holzvergasern ausgestattete Lastwagen für die Firma Kappus gefahren.

Im Frühsommer 1947 begann man damit, auch das Wohnhaus in der Luisenstraße 52 wieder aufzubauen. Da aber die Wohnungsbewirtschaftung nur eine genau definierte Quadratmeterzahl für die sechsköpfige Familie zuließ, quartierte Alfons Kappus im ersten Stock das Büro der Firma ein.

**DEMONTAGE, REMONTAGE** Ein paar Monate später platzte mitten in den Wiederaufbau der Befehl zur Demontage der Fabrik. Das war, ein Vierteljahr nach dem Ende des Entnazifizierungs-Verfahrens, der Auftakt zu einer Tragikomödie mit Alfons Kappus in der Hauptrolle als der Mann, der seinen Betrieb zweimal wieder aufbaute – ein Ruhm, auf den er fraglos gerne verzichtet hätte. Die Geschehnisse um De- und Remontage, der Wirrwarr zwischen Entlohnungen und Entschädigungen in Reichs- oder neuer Deutscher Mark, Sinn oder Unsinn all dieser Aktionen – dies alles konnte sich wohl nur in einer so rechtsunsicheren Phase zutragen, wie es die Besatzungszeit kurz nach dem verlorenen Krieg war.

Am 1. April 1946 hatte der alliierte Kontrollrat eine erste Liste von Fabrikanlagen veröffentlicht, die als Wiedergutmachungsleistung in das einst von deutschen Truppen besetzte Ausland (hauptsächlich in die Sowjetunion) geliefert werden sollte. In der vereinigten amerikanisch-britischen Besatzungszone standen 682 Betriebe auf der Demontage-Liste. Allein aus Hessen sollten zunächst 112 Fabrikanlagen ganz oder teilweise demontiert werden; das betraf nicht nur Rüstungshersteller, sondern auch sogenannte „Überschußbetriebe der Friedensindustrie", die wegen der von den Alliierten vorgesehenen langfristigen Produktionsbeschränkungen für die Zukunft als überflüssig angesehen wurden. Nach deutschen Protesten einigten sich Amerikaner und Engländer zwar auf eine revidierte Liste, derzufolge „nur" 51 hessische Betriebe teilweise oder komplett abgebaut werden sollten, der Firma Kappus half das alles jedoch nichts: Kein Einspruch fruchtete, die Demontage war beschlossene Sache.

Am 18. September 1947 berichtete die Offenbach-Post: „Unter den 51 in Hessen zur Demontage vorgesehenen Betrieben entfallen auf die Stadt Offenbach die Firmen Kappus, Stöhr und Lavis. Die Firma Kappus arbeitete bisher mit ihrer Gesamtproduktion für die Herstellung von Waschmitteln. Dieser Betrieb ist mit durchschnittlich 20 Prozent an der hessischen Seifen- und Waschmittel-Produktion beteiligt. Bereits seit einigen Wochen war der Firma Kappus bekannt, daß sie zur Demontage vorgesehen war. Es wurden von ihrer Seite starke Bemühungen unternommen, um von der Demontageliste gestrichen zu werden."

Noch zwei andere hessische Seifenhersteller, (P. S. Möbs in Gießen und Röhm & Haas, Darmstadt) berichtet das Blatt weiter, seien für den Abbruch vorgesehen. „Nach Ansicht des Betriebsinhabers", heißt es im Hinblick auf Kappus weiter, „reicht die nach erfolgter Demontage verbleibende Kapazität nicht aus, den Bedarf an Waschmitteln auch nur einigermaßen zu decken. Schon die gegenwärtige Produktion genügt nicht den Anforderungen. Bei der Firma Kappus ist man der Ansicht, daß der ... vorgesehene Standard von 1936 unmöglich erreicht werden kann. Bemerkenswert ist, daß es sich im Falle Kappus um einen Betrieb handelt, der weder vor dem Kriege noch während desselben für die Kriegsindustrie arbeitete."

Am 22. Oktober 1947 bemühte sich das unter US-Aufsicht arbeitende Hessische Wirtschaftsministerium, den drei in ihrer Existenz bedrohten hessischen Seifenunternehmen zu helfen. In einem Schreiben an die Militärverwaltung betont der zuständige Dr. Falz inständig (und auf englisch), daß die Firma Kappus, die Toilettenseife und Kosmetika herstelle, ein alteingesessener hessischer Betrieb sei: „Ihr wahres und ursprüngliches Interesse ist Toilettenseife, und ich kann mir nicht vorstellen, daß sie als Firma ausgelöscht werden soll, weil sie Produkte herstellt, die der Sauberkeit, der Gesundheit und dem sozialen Wohl dienen."

Doch alle Appelle verhallten, die Amerikaner ließen sich auch nicht von dem in Aussicht gestellten Mißfallen und der Unruhe in Hessens Bevölkerung rühren. „Sie stehen auf der Reparationsliste", erfuhr Alfons Kappus bereits am 23. Oktober vom Wirtschaftsministerium. „Der Umfang ... ist uns noch nicht genau bekannt ... Solange Sie von mir oder der Militärregierung nichts Gegenteiliges hören, läuft Ihr Betrieb weiter wie bisher, und es sind Ihnen seitens des Landwirtschaftsamts Zuteilungen zu machen."

Auf dieser äußerst wackligen Basis hieß es nun weiterzuarbeiten. Daß die Firma Kappus die ganze Härte der sogenannten „Volldemontage" treffen sollte, wußte Alfons Kappus zu diesem Zeitpunkt noch nicht, aber in einer Hinsicht war Klarheit geschaffen: Von nun an würde es nicht mehr darum gehen, ob, sondern wie abgebaut werden sollte. Welche Maschinen gehörten in die Demontagemasse? Traf es zu, daß nach dem 8. Mai 45, also dem Ende des Kriegs, angeschaffte Maschinen nicht für die Reparation ausgebaut werden mußten? Durften Maschinen, deren

Reparaturkosten dem Anschaffungswert gleich waren oder ihn überstiegen, „als nach dem 8.5.45 angeschafft" betrachtet werden?

In der Zwischenzeit hatte es sich wieder ein mit Firmengeheimnissen vertrauter Denunziant (der diesmal anonym blieb) angelegen sein lassen, Alfons Kappus an übergeordneter Stelle anzuschwärzen. „Ein Einwohner von Offenbach", empörte sich Stanley Sisson von der Militärregierung, habe ihm anonym geschrieben, daß Alfons Kappus zwanzig Maschinen und zehn Motoren im Lager einer anderen Offenbacher Firma versteckt habe. „Auf Befragen gab Herr Kappus zu", schrieb Sisson dem Hessischen Wirtschaftsministerium, „daß er vier Maschinen der Firma Stolberg übergeben habe." Man habe sie dort auch gefunden, „in sehr guter Verfassung". Alfons Kappus dagegen pochte darauf, daß ihm „ein Herr Bloomgard" von der US-Behörde versichert habe, zu mehr als 50 Prozent zerstörte Maschinen müßten für Reparationszwecke nicht berücksichtigt werden, und diese Maschinen, so Kappus, seien nun einmal fast schrottreif gewesen. Eine Bestätigung der Firma Stolberg lag bei.

Die Sache ging offenbar im Sinne von Alfons Kappus aus; jedenfalls legte er ein paar Monate später, im Januar 1948, in Form einer eidesstattlichen Erklärung ein weiteres, äußerst umfangreiches Maschinenverzeichnis vor. Beigefügt waren die Bescheinigungen von sieben Firmen, die aufgeführten Maschinen, die bei Kriegsende zerstört gewesen seien, neu gebaut bzw. repariert zu haben. Kappus: „Da der Zerstörungsgrad ... weit über 50% lag, bitte ich diese Maschinen als Neuanschaffungen nach Kriegsende zu betrachten und von der Reparationsliste zu streichen."

Noch bevor diese und ähnliche Spitzfindigkeiten geklärt waren, kam das amtliche Aus für Kappus: Der Betrieb wurde zur „Demontage für Reparationsleistungen herangezogen". Im entsprechenden Schreiben des Wirtschaftsministeriums vom 15. Dezember 1947 heißt es:

„Der Umfang der Demontage ergibt sich aus der unter Aufsicht der Militärregierung aufgestellten Reparationsinventur. Sämtliche auf dieser Inventur vermerkten Gegenstände gelten mit sofortiger Wirkung als beschlagnahmt.

... Nach Weisung der Militärregierung ist mit der Demontage sofort zu beginnen. Die dazu nötigen Arbeitskräfte sind von Ihnen zu stellen.

Die Kosten der Demontage gehen zu Lasten des Landes Hessen.

Alle nicht für die Demontage vorgesehenen Produktionsmittel, Betriebsmittel und Gebäude verbleiben im Eigentum des Unternehmers. Bestehende Produktionsgenehmigungen laufen weiter.

Die Militärregierung hat sich damit einverstanden erklärt, daß Sie die durch die Demontage verlorenen ... Produktionsmittel sofort wieder ergänzen, vorausgesetzt, daß die Demontage dadurch nicht verzögert wird. Die Wirtschaftsverwaltung ist bereit, Ihr Vorhaben ... zu unterstützen."

Im Klartext: Die alten Maschinen mußten raus, aber der Installation eines neuen Maschinenparks stand nicht nur nichts im Wege, im Gegenteil, die Beschaffung sollte auf höchstministerieller Ebene gefördert werden. Der Widersinn war evident, und so gab es postwendend Vorschläge, den Amerikanern doch lieber gleich eine ganz neue, spezifisch für diesen Zweck hergestellte Anlage zur Seifenherstellung zu übereignen; die alten Maschinen könnten dann an Ort und Stelle bleiben. Doch so überzeugend die Logik dieser Argumentation auch war, den Amerikanern leuchtete sie nicht ein. Sie blieben eisern: Sie wollten die „echten" Maschinen, und damit basta.

Das Tauziehen begann erneut. De- und Remontage liefen, soweit der Nachschub gesichert war, parallel nebeneinander her. Im April 1948 beschloß das Wirtschaftsministerium, den Seifenfirmen Kappus und Möbs (Gießen) aus einem speziellen Fonds zugunsten der Demontagekosten jeweils einen Kredit von 475.000 Reichsmark für den Wiederaufbau zu zahlen; nur ein paar Tage später steigerte man das Angebot auf jeweils 528.000 Reichsmark.

So verlockend das klingen mochte, die vorgesehenen Empfänger waren nicht begeistert. „Mit Rücksicht darauf, daß wir ... kurz vor einer Währungsreform stehen", schrieb am 2. Juni 48 der Gießener Fabrikant Möbs dem Ministerium, „ist es erklärlich, daß die meisten Maschinenfabriken keinerlei Anzahlung mit derzeitigem Geld mehr wünschen ... Im Rahmen der vorgesehenen Währungsreform würde obiger Kreditbetrag auf den zehnten Teil seines nominellen Wertes zusammenschrumpfen ... Da es uns also unmöglich gemacht wird, die Summe von RM 528.000 jetzt noch nutzbar zu machen, bitten wir in Erwägung zu ziehen, ob der Kredit auf eine Million erhöht werden kann. Zu dieser Annahme glauben wir Berechtigung insofern zu haben, als die Firma Kappus, Offenbach, von der Inanspruchnahme ... Abstand genommen hat."

Von Beginn des Jahres 1948 an kämpfte Alfons Kappus um Rohstoffzuteilungen, Ausnahmegenehmigungen, Terminverlängerungen. Es fehlten Schrauben, Nickel, Eisen (rund fünf

Monate nach Beginn der Demontage wartete Alfons Kappus – zunehmend erboster – immer noch auf das ihm zugesagte Eisenkontingent); es fehlten Maschinen und Maschinenteile, es fehlten Zement und Steine für den Aufbau, den man nicht alleine aus Trümmern und Schutt bewältigen konnte – zumal, da wegen der Demontage bereits Repariertes wieder fallen mußte. Zum Beispiel am Kesselhaus, wo der Ausbau der Kessel- und Behälteranlagen wegen ihres voluminösen Umfangs besonders problematisch war.

Die Amerikaner verlangten, daß der große Siedekessel spätestens bis zum 15. März 1948 demontiert sein sollte. „Die Militärregierung ...", schrieb Dr. Falz vom Wirtschaftsministerium, „ist damit einverstanden, daß anstelle der auszubauenden Kessel ein neuer Kessel geliefert wird, unter der Bedingung, daß die abzuliefernden Kessel am 15.3. zur Verfügung stehen."

In rascher Aufeinanderfolge von Aus- und Einbau, Lagerung der ausgebauten Maschinen, anfordern, warten, sich beschweren und nebenbei laufender Produktion verging das Jahr 1948. Am 4. Januar 1949 schrieb Alfons Kappus an die Vereinigten Deutschen Nickel-Werke in Schwerte: „Ich telegrafierte Ihnen heute wegen der Lieferung von 50 Tafeln nickelplattierter Bleche ... Sie gaben in Ihrer Auftragsbestätigung Anfang Oktober eine Lieferzeit von 2-3 Monaten an. Meine Bitte geht nun dahin, diesen Auftrag bevorzugt zu bearbeiten und möglichst die Bleche sofort ... zu schicken.

Der Grund meiner Bitte ist folgender: Ich erhielt gestern ... die Anordnung, daß die demontierten Maschinen innerhalb der nächsten 14 Tage bis 3 Wochen abtransportiert werden. Dazu gehören auch Kühlplatten ... Sollte es nun nicht gelingen, bis zum Abtransport der Kühl-platten Ersatz zu schaffen, so ... müßte mit einer Stillegung eines Betriebsteils mit ungefähr 100 Be-schäftigten gerechnet werden. Aus diesem Grun-de bitte ich Sie, durch sofortige Lieferung ... meine Lage etwas zu erleichtern."

Die gleiche Bitte richtete am gleichen Tag das Hessische an das Nordrhein-Westfälische Wirtschaftministerium: „Die Firma Kappus unter-liegt der Voll-Demontage und muß sämtliche Anlagen ihres Werkes zur Verfügung stellen. Laut Mitteilung der hiesigen Militärregierung sollen die demontierten Maschinen und Anlagen in Kürze zum Abtransport kommen."

Eile schien in der Tat geboten zu sein. Alfons Kappus hatte die insgesamt 154 Maschi-nen, Kessel, Anlagenteile, alle die auseinander-genommenen Stücke, die einmal eine Seifenfabrik gewesen waren, bis dato auf seinem Grundstück untergestellt. Nun begann der sogenannte zweite Arbeitsabschnitt. Das „Reparationsgut" sollte auf die Reise gehen, aber nicht Dänemark, das die Amerikaner zum Empfängerland bestimmt hatten, war das Ziel, sondern es lag erheblich näher: Zunächst einmal landete alles in einem Sammel-lager in Groß-Auheim bei Hanau.

Im Herbst 1947 hatte Alfons Kappus eine Inventurliste aufstellen müssen, im Dezember erging der Demontagebefehl. Das ganze Jahr 1948 über war man mit dem Ausbau beschäftigt, bis im Dezember die „Weisung der Verlagerung des Gutes in das Sammellager bei Groß-Auheim" anbefohlen wurde, gefolgt von der „Durchführung der Verlagerung" vom Januar bis März 1949.

„Die Verlagerung", heißt es im amtlichen Schlußbericht, „erfolgte im Lastzugtransport über Landstraßen, weil sich Verladeschwierigkeiten

mit den Behältern von großem Ausmaß ergeben hätten, die bei dem kurzen Transportweg nicht gerechtfertigt gewesen wären", womit die Verfas-ser des Schlußberichts wohl einen Transport per Bahn meinen. Auf jeden Fall hievten Mitarbeiter der Firma Kappus alles, was sie ausgebaut hatten, jetzt auf Tiefladeanhänger, die „bei Ausnutzung der verkehrsarmen Zeiten" frühmorgens und spätabends von Offenbach in Richtung Hanau krochen.

In Groß-Auheim angekommen, stand man vor neuen Schwierigkeiten. Wohin mit den Riesenkesseln, war nun die Frage. Entsprechende Hallen gab es „zufolge völliger Belegung ... mit Maschinen aus einer Anzahl weiterer Repara-tionsbetriebe" nicht, und so „mußten die großen Kessel und Behälter im Freien gelagert werden." Weil die stählernen „Güter" den Aufenthalt unter freiem Himmel aber nicht allzugut vertrugen, mußten „im Interesse der Werterhaltung des Materials und im Rahmen der Aufgabe des Sam-mellagers wiederholte Konservierungsmaßnah-men Platz greifen".

Die Maschinen und Behälter, die Anfang 1949 so eilig hatten ausgebaut werden müssen, lagerten bis einschließlich August 1950 in Groß-Auheim, den Einflüssen von Wind und Wetter un-geschützt preisgegeben.

Allein für diese zumindest fragwürdige Lagerung mußte das Land Hessen 53.040,75 Mark bezahlen – Deutsche Mark, denn die Währungsreform hatte unterdessen stattgefunden, Reichsmark gab es nicht mehr.

Im August 1950 schließlich begannen nach „bereits seit dem Frühjahr ... laufenden ständigen Vereinbarungen mit dem Vertreter der dänischen Mission" die Vorbereitungen für den

Versand. Im September und Oktober „sind die Verladungen dieses Komplexes zur Durchführung gekommen und Anfang November 1950 zum Abschluß gekommen." Die Kosten für diesen dritten Arbeitsabschnitt betrugen 16.757,92 DM; summa summarum lag am Ende der Aktion eine Gesamtrechnung über 133.625,81 DM vor.

Dem Abschlußbericht zufolge erhielten die Dänen vierzig Einzelmotoren, zwölf Behälter, dreiundzwanzig Kessel und fünfundzwanzig Pressen. Die restlichen 25 Stücke waren verschiedene Einzelmaschinen, Behälter, Tröge und Pumpen; und weit mehr als die Hälfte, fast sechzig Prozent dieses Reparationsgutes, war zu diesem Zeitpunkt älter als zwanzig Jahre, die ältesten Maschinen stammten aus dem Jahr 1890. Wann die Dänen die Fracht in Empfang nehmen konnten, verschweigt der Abschlußbericht.

Mit gutem Grund: Denn das, was sich dort so vorschriftsmäßig liest, hat in Wirklichkeit nie stattgefunden, jedenfalls nicht so, wie hier geschildert. Vom 19. September 1950, zwei Monate also vor der vorgeblichen Verschiffung der Kappus-Maschinen, stammt folgende Vereinbarung, die Alfons Kappus und der Vertreter der Königlich-Dänischen Reparationskommission, Thomson, unter der Ägide des Hessischen Wirtschaftsministeriums trafen:

„Aus den ... Items der Fa. Kappus ... sind auf Bitten von Herrn Kappus die folgenden ... als dringend zum Wieder-Aufbau zurückerbeten worden," (es folgen die Registriernummern von zweiundzwanzig Maschinen, den wertvollsten und wichtigsten der gesamten Ladung). Weiter heißt es: „Dieser Bitte wurde vom Vertreter der Königl.-Dänischen Rep.-Kommission ... entsprochen. ... die Königl. Dänische Rep.-Kommission

... verzichtet auf die Abnahme und den Versand der oben aufgeführten Items, die in den Besitz der Fa. Kappus übergehen. Sie wird jedoch die offiziellen Papiere als angenommen und abgesandt unterzeichnen, so daß keine späteren Ansprüche auf Ablieferung mehr gestellt werden können."

*1950: Schlußstrich unter die Demontage.*

Am noblen Verhalten der Dänen dürfte nichts auszusetzen sein, ebensowenig an der verständlichen Erleichterung Alfons Kappus', daß er doch noch ein paar Maschinen zurückbekam. Nachdenklich stimmt hier höchstens die Haltung der hessischen Politiker; es bleibt die Frage, wer da wohl für eine nicht stattgefundene Versandaktion kassiert (und sich so sein ganz privates Wirtschaftswunder geschaffen) hat. Die Akten, so penibel sie ansonsten geführt wurden, geben uns darüber keine Auskunft.

Warum der Donnerkeil der Volldemontage ausgerechnet die Feinseifenfabrik traf, wußte auf jeden Fall damals niemand. Wolfgang Kappus: „Der Verdacht, die Großkonzerne hätten auf diese Weise den Markt für sich freigeschaufelt, ist bis heute nicht widerlegt."

Schließlich mußte Alfons Kappus noch einen Betrieb in Okriftel im Taunus und ein Grundstück in der Frankfurter Straße 80 in Offenbach, die er im April und August 1938 von jüdischen Fabrikanten gekauft hatte, an deren Erben zurückgeben.

Alfons Kappus konzentrierte sich nun auf das, was von der Fabrik übriggeblieben war; ein zweites Mal galt es, beinahe aus dem Nichts neu anzufangen. Für die Seifenindustrie waren ohnehin schwere Zeiten angebrochen; mehr als 200 Seifenfabriken in Deutschland mußten aufgeben. Alfons Kappus aber machte sich daran, neue Lösungen für technische oder chemische Probleme zu finden. Brandneue Produkte verließen das Haus: Marsa-Hautcreme, Boka-Mundwasser, eine Zahnpasta und Rasiercreme und, ganz aktuell, ein Autoshampoo. Später wurde das „Bissel"-Teppichshampoo entwickelt, das millionenfach in deutsche Haushalte Eingang fand.

Am 18. Juni 1948, mitten in der Hektik der Demontage, feierte die Firma ihr hundertstes Jubiläum. Die Offenbach-Post berichtete: „Im kleinen Saal des Theaters an der Goethestraße hatten sich gestern ... Betriebsangehörige, Freunde und Gäste zusammengefunden, um das Ereignis ... in schwerer Zeit zu begehen.

Nach dem Largo von Haydn ... begrüßte Herr Alfons Kappus seine ... Gäste. Man sah Dr. Falz vom Wirtschaftsministerium, ..., Oberbürgermeister Rebholz, Präsident Hengst, Herrn Berdux, ... Vertreter der Presse und des Rundfunks, vor allem aber maßgebende Persönlichkeiten der Offenbacher Industrie, von denen die meisten der Firma Kappus in ihrer schwersten Zeit treu zur Seite gestanden haben.

Die Festrede hielt Dr. Georg Kappus ... Zwar ist das Unternehmen in seinen Ausmaßen um 50 Jahre zurückgeworfen. Aber man resignierte nicht. Der Mittelbetrieb, in dem Unternehmer und Arbeiter in enger Zusammenarbeit ihre Pflicht tun – ihm gehört nach Ansicht von Dr. Georg Kappus die Zukunft."

Zwei Tage nach der illustren Veranstaltung fand in den Räumen des Offenbacher Turnvereins eine zweite Feier für die Mitarbeiter statt. Als Conferencier hatte man Peter Frankenfeld gewonnen, seinen Auftritt hat der ehemalige Prokurist Joseph Schoppe nie vergessen. Und noch etwas imponierte ihm noch Jahrzehnte später: „Obwohl an fast allem Mangel herrschte, war es dem rührigen Mitarbeiter Arthur Flidtner gelungen, soviel Bier ... zu organisieren, daß von den Resten noch zwei weitere solcher Feste hätten gefeiert werden können." Der Bierbesorger Arthur Flidtner zog, nebenbei erwähnt, später aus diesem speziellen Beschaffungstalent die richtigen Schlüsse und eröffnete die „Gloria-Bar", Offenbachs erstes Nachtlokal.

Das Fest mit Peter Frankenfeld und den großen Biervorräten fand einen Tag vor der Währungsreform statt, bei der es für jeden Deutschen einen „Kopfbetrag" von vierzig der neuen Deutschen Mark gab. Joseph Schoppe: „Alfons Kappus ermahnte seine Mitarbeiter ... eindringlich, mit diesem Geld sparsam umzugehen, auch wenn wieder viele Waren in den Schaufenstern zu sehen wären und man sich jetzt praktisch wieder alles kaufen könne."

Das Sterben der Seifenfabriken ging auch nach der Währungsreform weiter. Immer mehr Fabriken verloren ihre Existenzgrundlage und gaben auf. In Hessen überlebten neben Kappus die Firmen Mouson in Frankfurt, die Steinauer Seifenfabrik, Heinlein in Schlüchtern, C. Naumann, Simon & Dürkheim und die Industrieseifenfabrik I. P. Haas in Offenbach. Der Export der Firma Kappus beschränkte sich während dieser Zeit auf die deutschsprachige Schweiz und Österreich.

**WOLFGANG KAPPUS – ERINNERUNGEN**    *Am 17. September 1945 fing die Schule wieder an. Ich kam in die Quarta der sogenannten A-Schule, die zusammen mit der B-Schule im Gebäude des Leibnizgymnasiums untergebracht war und hatte abwechselnd morgens und mittags Unterricht. Aus der A-Schule wurde übrigens später das Rudolf-Koch-Gymnasium, an dem ich auch das Abitur ablegte, ohne jemals in Offenbach das Gebäude einer anderen höheren Lehranstalt als der Leibnizschule besucht zu haben.*

*Unsere Klasse war ein ständiges Durchgangslager. Aus allen Gegenden kamen und in alle Gegenden gingen viele Schüler. Insgesamt etwa 50 Knaben, lernten wir im Zeichensaal der früheren Hindenburg-Oberschule aus uralten Schwarten, vor der Machtübernahme geschrieben. Da nicht genügend Bücher zur Verfügung standen, wurde meist vorgelesen und anschließend diskutiert. Auch Hefte und Papier waren Mangelware. Trotzdem waren wir voller Eifer und konzentriert bei der Sache und haben während dieser Zeit viel gelernt. Bis zu meinem Abitur 1952 hatte sich die Klasse zu einem Rabaukenverein gemausert und machte durch Aufmüpfigkeit von sich reden. Viele Karzerstrafen und Consilii abeundi für Versäumen der Verfassungsfeier (statt dessen Biergelage in der Kneipe Jobst), ungebührliches Betragen jeder Art, führte zu heftigen Reaktionen der Lehrerschaft. Unsere Klasse erhielt keine Abiturabschlußfeier, bekam formlos ihr Abiturzeugnis ausgehändigt und wurde viele Jahre bei Schulfeiern nicht eingeladen.*

*In meinem Zeugnis findet sich der Vermerk: „Tritt aus, um Chemie zu studieren." Damit wurde es aber nichts.*

*Betriebsversammlung in der Nachkriegszeit. Carola Lange, Hermann Haaf, Frau Brand (von links).*

**CAROLA LANGE – GEB. KAPPUS**
In den fünfziger Jahren machte Alfons Kappus' Sohn Wolfgang sein Abitur und verbrachte ein Werkssemester in Genf, um in die Parfümerie hineinzuschnuppern. Noch zwei weitere Mitglieder der Familie arbeiteten zu dieser Zeit im Betrieb: Hans Kappus, Adolfs Sohn, war Siedemeister, und Alfons' Cousine Carola Lange, genannt Lola, Tochter von Martin Junior, leitete zunächst die Verpackungsabteilung und arbeitete später im Sekretariat der Geschäftsleitung.

Sie war die erste Frau, die als Gesellschafterin in der Firma Kappus einen Beruf ausübte. Sie hatte an der Offenbacher Werkkunstschule, der heutigen Hochschule für Gestaltung, das kreative Rüstzeug erworben, das ihr später bei ihrer Arbeit zugute kam.

Carola Lange war eine strenge, schöne Frau, nach der sich die Leute umdrehten, auch, weil sie wegen ihrer schwarzen Kleidung auffiel. Sie hatte ein schweres Schicksal zu tragen. Ihr Mann, der Arzt Dr. Hermann Lange, starb 1929 nach wenigen Ehejahren an einer infektiösen Grippe, die er sich bei der Bekämpfung einer Epidemie in Leipzig zugezogen hatte. Ihr Sohn Armin war damals drei Jahre alt. 1945, in den letzten Kriegstagen, verlor Carola Lange auch ihn. Er fiel, neunzehnjährig, als Volkssturmmann bei Kassel. Von diesem Tage an bis zu ihrem Tod trug Carola Lange nur noch Trauerkleidung.

1952 trat die Fünfzigjährige auf Wunsch ihres Vaters Martin als Kommandatistin in den Familienbetrieb ein und übernahm die Leitung des „Mädchensaals". Das war die Bezeichnung für die Abteilung, in der anspruchsvolle Geschenkartikel aufwendig verpackt oder auch bemalt wurden. Später übernahm sie die gesamte Verpackungsabteilung. Im Alter mußte sie wegen eines Hüftleidens die Arbeit dort aufgeben, und nun führte sie die Kasse und die 'Geheimbücher' der Firma.

Sie arbeitete praktisch bis zum letzten Tag ihres Lebens in der Fabrik, die ihr Lebensinhalt geworden war. Als sie am 12. Februar 1983, wenige Tage vor ihrem 81. Geburtstag starb, war sie gerade aus dem Büro gekommen.

**DER BÜRGER KAPPUS**   Alfons Kappus blieb bis zum Ende seiner Tage dem Geschehen in seiner Heimatstadt eng verbunden. Er war eine stadtbekannte Persönlichkeit, bekannt (auch) dafür, seine Meinung direkt und ohne Umschweife zu äußern; eine Eigenschaft, die bereits seinen Vater und Großvater ausgezeichnet hatte. Auch in vielen anderen Dingen blieb er den Traditionen seiner Vorfahren treu. Er hatte ein Herz für den Sport, und er sorgte sich um das Gemeinwohl.

Als aktiver Ruderer war er Mitglied des Offenbacher Rudervereins, dem er viele Jahre angehörte. Nach dem Krieg trat er mit der ganzen Familie dem Offenbacher Tennisclub bei. Obwohl er nicht einmal ein begeisterter Tennisspieler war, stellte er zusammen mit seinem Freund und Stammtischbruder Kurt Görlich, dem langjährigen Vorsitzenden und Ehrenvorsitzenden des OTC, wichtige Weichen bei der Entwicklung des Vereins.

Für den Bau des Clubhauses, das heute noch steht, begann er sich etwa um 1958 oder 59 zu engagieren. Er traktierte die Kollegen aus der Offenbacher Industrie mit Spendengesuchen und beschäftigte eine Generation hessischer Ministerialbürokratie über Jahre mit einer Flut von Zuschuß- und Beihilfeanträgen. Für ihn wäre es eine Niederlage gewesen, ein Ziel, das er sich gesetzt hatte, nicht zu erreichen.

Die Rückzahlung des Bankdarlehens für den Clubhausbau gelang, wie er es vorausberechnet hatte, durch die Einnahmen von zwei Kegelbahnen, die im Keller eingebaut waren. Den pünktlichen Eingang der dafür fälligen Mieten überwachte er akribisch.

Dreimal wöchentlich suchte er das Offenbacher Stadtbad in der Herrnstraße auf, in späteren Jahren mit Sohn Wolfgang. Die Gespräche mit seinem Kollegen Hans Eichhorn von der Seifenfirma C. Naumann, seinem Schwiegervater oder Stammtischfreunden, die unter der großen

*Mitglieder des Stammtisches 'B3' (von links):*
*Franz Mayer, Friedel „Stift" Old, Willi Hamann, Hans Wildmann, H. Brenner, Alfons Kappus.*

öffentlichen Dusche vor dem Schwimmen stattfanden, hat der Sohn bis heute nicht vergessen.

Er erinnert sich außerdem noch lebhaft an die „Schwimmbüchs" als Überlebenshilfe und den Bademeister Schmiedel, der ihm unter Aufsicht des Vaters das Schwimmen beibrachte. Neben dem offiziellen Obolus war das jeweils mitgebrachte und nach Gebrauch hinterlassene Stück Seife für den Bademeister ein willkommenes „Schwimmgeld".

### WOLFGANG KAPPUS – ERINNERUNGEN

*Lange Jahre war mein Vater Mitglied des Beirats der Handelskammer, der jetzigen Vollversammlung, doch die Politik war nach den Erfahrungen des Dritten Reiches für ihn passé. Er scheute die Öffentlichkeit und wirkte lieber als „graue Eminenz" vom Stammtisch aus. Dieser Stammtisch 'B3' (Böser-Buben-Bund), den seine emanzipierte Frau mit einem Kränzchen 'M3' (Mir Mutige Mädscher) konterkarierte, war ein Offenbacher Unikat. Ihm gehörten als Mitglieder und Gäste ein Sammelsurium Offenbacher Bürger an, darunter Kurt Görlich, der Spielwarenhändler Angersbach, der Luftpumpenfabrikant Wildmann, der Dachdecker Bensel, der Schraubenhändler Mayer, Brenner von Brenner und Holmig, „Stift" Old und im Laufe der Jahrzehnte viele andere.*

Der B3 tagte jeden Donnerstag, ob Krieg oder Frieden, Schnee, Regen oder Sonne. Zuerst im Bahnhofsrestaurant, dann im Hotel Kaiserhof, später im Hotel Euler. Für Alfons war Donnerstag ein jour fix, den er auch einen Tag vor seinem Tode nicht versäumte.

Sein Bekanntenkreis war allerdings weit größer als diese Kernmannschaft. Ihm gehörten vor und gleich nach dem Kriege viele mittelständische Fabrikanten und andere Unternehmer an, wie die Heynes, Heiner Krumm, Karl Petri, Hermann Hartmann, die Brauweilers, Fritz Hengst und viele andere. Viele Offenbacher Projekte wurden bei einem Glas Bier diskutiert, viele Weichen gestellt.

Einmal getroffene Entscheidungen revidierte Alfons Kappus nie. Hinter seinem konservativen, autoritären Auftreten verbarg er einen glasklaren, wachen Verstand, ein offenes Herz und eine stets helfende Hand für seine Freunde, seine Mitarbeiter, seine Sportkameraden und vor allem für seine Familie.

Auch als er das Rentenalter bereits überschritten hatte, verließ er die Luisenstraße – fast – nie. Er konnte sich von der wieder aufgebauten Firma, die er als sein Werk betrachtete, nicht lösen, und seine weltoffene Frau hatte unter dem Lokalpatriotismus ihres Mannes zu leiden. In punkto Reisefreudigkeit war sie sein genaues Gegenteil: Als eine der ersten Offenbacher Damen besaß sie einen Autoführerschein, den sie eifrig benutzte. Schon vor dem Krieg war sie mit einer Freundin alleine nach Budapest und über den Großglockner gefahren.

Im Familienurlaub mit Alfons Kappus gab es solche Experimente nicht. Es ging nach Langeoog, regelmäßig, 35 Jahre lang. Und auch dorthin nahm er ein Stück Offenbach mit: Solange er sich an der Nordsee aufhielt wurde ihm sein „Schweizer Brot" vom Offenbacher Stammbäcker nachgeschickt, Tag für Tag ein Laib, wie sich das Lehrmädchen von damals noch heute erinnert.

Er wurde 69 Jahre alt. Am 1. Februar 1975 starb er an einem Herzinfarkt. Mit Wolfgang Kappus war die Zeit für die vierte Generation gekommen.

# $\mathcal{D}$IE VIERTE GENERATION

**WOLFGANG KAPPUS**  Die Länge des Chemiestudiums und die Erkenntnis, daß „der schlechteste Betriebswirt den besten Chemiker austricksen könne", ließen Wolfgang Kappus Betriebswirtschaft studieren. Nach einer Rekord-studienzeit von acht Semestern beendete er sein Studium als Diplomkaufmann; ein Jahr später folgte der Abschluß als Volkswirt. 1957 wurde ihm Offenbach zu eng, schien ihm auf einmal sein Lebensweg allzu unumstößlich vorgezeich-net. Wolfgang Kappus rebellierte. Er unterbrach seine Promotion, um „für ein Jahr" nach Kanada auszuwandern, schließlich hatte der Vater sich einst auch sein Jahr in Spanien gegönnt.

   Aus diesem Jahr wurden dreieinhalb Jahre. Nach einer recht schwierigen Zeit der Arbeits-suche verdiente Wolfgang Kappus sein Brot zunächst am Schalter einer Bank, dann als kauf-männischer Angestellter bei einem Baubetrieb namens Concreters Ready Mix, der schon damals als besondere Innovation fertiggemischten Ze-ment in großen, rotierenden Fahrzeugtrommeln verkaufte. Weihnachten 1958 kehrte er kurz nach Deutschland zurück, um sich mit Evelyn Bonke, seiner Jugendfreundin, zu verloben. Sie folgte ihm nach Kanada, im Juli 1959 wurde geheiratet.

*Wolfgang Kappus mit Freundin Evelyn Bonke, seiner späteren Frau (1957).*

   Von ihrer Kellerwohnung in der Bourret Avenue 4950 aus gingen die beiden ihren jewei-ligen Beschäftigungen nach, sie als Grafikerin, er als Controller. Sie arbeiteten und sparten und legten eines ihrer beiden Gehälter nach Möglich-keit immer auf die hohe Kante. 1960 hatten sie genug zusammen, um zu einer großen Kontinen-talreise aufzubrechen. Sie durchstreiften und besichtigten über 30 Staaten der USA, Mexico und Kanada und fuhren alle Nationalparks und National Monuments ab. Nach dreieinhalb Mo-

**115**

naten kehrten sie reisemüde nach Montreal zurück und schifften sich auf einem Handelsschiff Richtung Rotterdam ein. Im Herbst 1960 hatte sie die Heimat wieder.

In Offenbach hielten sie immer noch einige Distanz zur Luisenstraße. Sie zogen in die Bettinastraße 46, in eine Wohnung mit Ölofenheizung und ungeheiztem Schlafzimmer. In der Zwischenzeit war Offenbach zur Großstadt geworden: Am 19. August 1954 kam der 100.000ste Einwohner zur Welt. „Hurra!", titelte die Offenbach-Post. Am 1. Oktober 1955 fuhr die Lokalbahn, die einst von den 1848er Revolutionären gekapert worden war, zum letztenmal von Offenbach nach Frankfurt; an der Kaiserstraße traf sich eine kleine jüdische Gemeinde in ihrer 1956 erbauten Synagoge, seit dem Jahr 1957 hatten die Offenbacher ihren eigenen Anschluß an die Autobahn Frankfurt-Würzburg, und 1959 zog die Industrie- und Handelskammer in ihr neues Haus am Stadthof.

*JCI Executive Vice-president Kappus 1971 in Schweden*

In der Fabrik übernahm Wolfgang Kappus im Lauf dieser Jahre immer mehr Aufgaben; bald teilte er sich mit seinem Vater die Führung des Betriebs, bis sich Alfons schließlich auf die technische Leitung zurückzog.

Nach der schwierigen Phase des Wiederaufbaus, der Demontage und des ersten Notkartells, das Ludwig Erhard genehmigte, konnte Wolfgang Kappus nun dank seiner guten Sprachkenntnisse in Englisch und Französisch den Export der Firma aufbauen, der in den achtziger Jahren mit über fünfzig Prozent des Gesamtumsatzes einen Höhepunkt erreichte.

Durch Aufenthalte bei großen Parfümlieferanten in Genf, wo er schon 1953 ein Studiensemester verbracht hatte, erwarb er Kenntnisse der Parfümeriekomposition. Die Umsätze, die noch in den fünfziger Jahren zwischen zwei und drei Millionen DM pro Jahr gelegen hatten, verzehnfachten sich im Laufe der Jahre und überschritten bald die 20-Millionengrenze.

Ende der sechziger Jahre kehrte Wolfgang Kappus noch einmal auf die Schulbank zurück. Er nahm ein Abendstudium der Politologie und Gesellschaftswissenschaften an der Frankfurter Universität auf und begann mit einer Dissertation, die er im Jahre 1985 beendete. Sein Doktorvater war Ernst Otto Czempiel, der den Lehrstuhl für Außenpolitik und Amerikabeziehungen in Frankfurt besetzte. Mit seiner Arbeit zum Thema „Abrüstung und Wirtschaftswachstum in Amerika" wurde er magna cum laude zum Dr. phil. promoviert.

Um 1966 herum hatte im Offenbacher Rathaus, wie fast immer, die SPD die absolute Mehrheit, und die von Fortschrittsglauben durchdrungenen Kommunalpolitiker trugen sich mit der Idee, zusammen mit Frankfurt in Schwanheim, mitten im dichtbesiedelten Rhein-Main-Gebiet, kaum einen Steinwurf von Offenbach entfernt, ein Kernkraftwerk zu errichten. Die Sache kam jedoch rechtzeitig ans Licht und war damit vom Tisch – und dabei erfuhr die empörte Öffentlichkeit damals nicht einmal, daß Ingenieure bereits ernsthaft mit einer Vorplanung begonnen hatten.

8

Ihren unstillbaren Drang zur Modernisierung, den sie mit ihren Vorgängern im 19. Jahrhundert gemeinsam hatte, lebte Offenbachs politische Elite an anderer Stelle aus. Man ließ sich um die Mitte der sechziger Jahre vom sogenannten „Baulöwen" Karl Heinz Reese überzeugen, daß die durchaus bewohnbare (und bewohnte) Offenbacher Altstadt, die mit Leichtigkeit hätte saniert werden können, nur noch für die Abrißbirne tauge. Das Rathaus degradierte sich selbst zum Handlanger und überließ die Stadt dem fachfremden Autodidakten, der Realitäten schuf, mit denen sich die Stadt und ihre Bewohner noch heute herumschlagen müssen. Anstelle gewachsener Struktur beherrschen nun marode gewordene, unvermietbare Betonblocks im Sechziger-Jahre-Look die Innenstadt (sogenannte zweite Ebenen und andere Brachen von damals prägen noch heute das Bild der Stadt und drücken aufs Gemüt der Offenbacher); die als Schneise ohne Rücksicht auf Vorhandenes durch die Altstadt geschlagene Berliner Straße wurde, quasi als Ergänzung zu Reeses Architektur, 1971 vier- und großspurig eröffnet (und mittlerweile für viel Geld wieder auf zwei Spuren zurückgebaut). Der Baulöwe machte übrigens 1977 bankrott, verschwand aus der Stadt und feierte kürzlich seinen 80. Geburtstag auf Teneriffa.

Evelyn und Wolfgang Kappus reagierten so, wie es viele Offenbacher seither getan haben und noch immer tun: Sie flohen. Im Jahre 1963 war Patricia Inge, ihre erste Tochter geboren worden. 1965 dann, als die Offenbacher Altstadt zum größten Teil abgerissen war, kurz vor der Geburt der zweiten Tochter Cordula, zogen sie in eine Mietwohnung nach Heusenstamm, wo drei Jahre später für die vierköpfige Familie ein Haus gebaut

wurde. Sie wohnen dort noch heute, mittlerweile allerdings wieder zu zweit.

„Sein Ehrgeiz geht nicht so weit, daß unbedingt noch ein Sohn geboren werden müßte, damit der Betrieb auch in der nächsten Generation noch den Namen behält", schrieb 1968 die Frankfurter Allgemeine über den damaligen Juniorchef, der sich als „auskunftsfreudiger Gesprächspartner" erwies, ganz im Gegensatz zu Vater Alfons: „Sie würden von meinem Vater jede Auskunft gern erhalten, aber zu einem Interview über sich selbst wäre er sicher nicht zu bewegen", beschied der Sohn den Journalisten.

„Vater und Sohn", heißt es weiter, „bekleiden beide verschiedene Ämter. Alfons Kappus

*Die Zukunft marschiert.*
*Die Töchter Cordula (links) und Patricia 1969.*

117

war, wie sein Sohn heute, lange Jahre Mitglied der Vollversammlung der Offenbacher Industrie- und Handelskammer (IHK) ... und gehört dem AOK-Beirat an. Wolfgang Kappus wurde vor kurzem Bundesbeauftragter des Juniorenkreises für Hessen ... Ein Posten, der ihm mindestens ebenso am Herzen liegt, ist der zweite Vorsitz im Ersten Offenbacher Tennisclub (OTC)."

In beiden Organisationen, das sei vorweggenommen, hat Wolfgang Kappus beachtliche Karriere gemacht: In den achtziger Jahren amtierte er sechs Jahre als Vorsitzender des Tennisclubs; 1971 war er der erste deutsche Unternehmer, der in das zweithöchste Amt der internationalen Wirtschaftsjunioren gewählt wurde, 1994 wurde er, nach dreißig Jahren in der Vollversammlung und als Vizepräsident, zum Präsidenten der Offenbacher IHK gewählt.

Der Name Kappus begleitet die Geschichte der heimischen Industrie- und Handelskammer. Firmengründer Martin Kappus erscheint im Heberegister 1875 als Kammermitglied neben den Seifenherstellern Böhm, Naumann und Simon.

In den Berichten der IHK finden sich Georg Kappus im Rechtsausschuß und Alfons Kappus als Handelsrichter. Während des zweiten Weltkriegs und danach taucht der Name Kappus im Zusammenhang mit Kriegsschäden, Demontage, Entnazifizierung und Vermögenskontrolle auf, da die Kammer Gutachten zu diesen Fragen erstellte. Die Stürmung des IHK-Gipfels scheint niemand von ihnen erwogen zu haben. Sie blieb, nach eineinhalb Jahrhunderten, Martin Kappus' Urenkel Wolfgang vorbehalten.

Er sehe die Kammer, „die laut IHK-Gesetz für die gesamte Wirtschaft, also Arbeitgeber und Arbeitnehmer da ist, als Sachverständigenrat in Fragen der Wirtschafts- und Strukturpolitik", sagte er nach der Wahl und kündigte an, er werde „so direkt sein wie bisher und mein Offenbacher Schlappmaul aufmachen. Als Unternehmer muß ich auf niemanden Rücksicht nehmen."

Das tat er auch nicht. Er hatte als junger Mann von einer Karriere als Journalist geträumt, und ein wenig davon verwirklichte er nun in Gastkommentaren. Seine linksliberal-lokalpatriotischen Attacken gegen von ihm als unfähig eingestufte Offenbacher Politiker haben viele Leser der Lokalpresse höchlich amüsiert bis tief beleidigt. „Treten Sie zurück, Herr Reuter", forderte er beispielsweise 1991 den damaligen Oberbürgermeister auf (Offenbach Post vom 31.8.). Und nicht nur der bekam sein Fett weg: „Ich sage freimütig, daß ich auch in den Führungsspitzen der anderen Parteien keinen Bewerber sehe, der sich für eine solch schwierige Aufgabe anbietet." Einen entsprechenden Kandidaten fand er später im OB-Kandidaten Gerhard Grandke, den er als „guten Manager" einschätzt und den er bei der Wahl tatkräftig (und erfolgreich) unterstützte.

Der schreibende Spötter Kappus hat übrigens noch eine lyrische Seite. Er verfaßt Gedichte, und er konnte sich nie ganz entscheiden, ob er diese Tatsache nicht besser verheimlichen sollte. Doch wer Poesie schreibt, will sie auch gelesen sehen, und so finden sich Beiträge von ihm in verschiedenen Anthologien; 1996 wagte er den Schritt und ließ unter dem Titel „Herbstzeit lose" eine kleine Gedichtsammlung veröffentlichen.

Eine seiner ersten Unternehmungen als Firmenchef, nach dem Tode des Vaters im Jahr 1975, war ein Joint-venture mit einem ganz alten Konkurrenten: Die Firmen Kappus und C. Naumann beschlossen, künftig „gemeinsam" zu produzieren, eine elegante Umschreibung der Tatsache, daß Naumann von nun an die Fabrikanlagen des fünf Jahre jüngeren Unternehmens nutzte. Jetzt würde, schrieb die Offenbach-Post, „in der Speyerstraße die Seifenproduktion bei Naumann ganz ruhen" und nur eine ... Verkaufs-, Teil-Konfektionierungs- und Kartonagenabteilung dort arbeiten. „Die Naumann-Mitarbeiter bleiben Angestellte des Hauses C. Naumann und arbeiten in unserem Betrieb als Produktionsgruppe für diese Offenbacher Firma", erklärte Wolfgang Kappus. Die Zeit der prosperierenden Seifenfabrikation in Offenbach war damit beendet, und allein die Fabrikanlage des alten Martin Kappus hatte überlebt.

Dort mußte sich sein Urenkel Wolfgang nun, nach dem Tode des Vaters, auch in die technischen Abläufe einarbeiten. Es begann eine rege Bautätigkeit; die Firma wurde modernisiert, die neue „Private Label"-Abteilung auf- und ausgebaut. Die Firma Kappus arbeitete im Laufe der Jahre für international führende Parfümhäuser wie Estee Lauder, Roger et Gallet, Lancaster, 4711, Schick, Olivin, Jil Sander, Joop. Eine eigene Entwicklungs- und Serviceabteilung mit Labor, Mustermacherei und grafischem Atelier betreut diese spezielle Kundschaft.

Durch Sonderanfertigungen im internationalen Bereich, vor allem in den USA, stiegen die Umsätze sprunghaft und erreichten bald 50 Millionen Mark.

Auch Evelyn Kappus, die die Hochschule für Gestaltung in Offenbach und die Hamburger Hochschule für Bildende Kunst absolviert hatte, war nach dem Tode von Alfons Kappus ganz in die Firma eingetreten und hatte seither die gesamte Kollektion neu gestaltet. Alle Ausstattungen seit dem Jahre 1960 stammen von ihr.

## WOLFGANG KAPPUS – EVELYN KAPPUS, MEINE FRAU

*Als Evelyn 1959 mir in einer Montrealer Kirche in Anwesenheit von zwei Gästen ihr Jawort gab, hatte sie immer noch eine Agenturkarriere im Sinn. Aber der Kappusmoloch kannte kein Pardon. Der Sog der Familienfirma war gnadenlos. So kam es, daß sie jetzt schon 40 Jahre lang alles, was es bei Kappus zu gestalten gibt, gestaltet: Verpackung, Formen, Messestände, Fassaden und Firmenpolitik. Im Sinne der Familientradition herrscht sie lautlos und effizient, wobei sie sorgsam darauf achtet, daß die „geborene Bonke" nicht untergebuttert wird.*
*Trotz ihres Fleißes sind für sie geregelte Arbeitszeiten kontrakreativ. Die Muße küßt unregelmäßig. Über vierzig Kollektionen, weit über fünfhundert Artikel hat sie geschaffen und gestaltet, hundertfünzig Messestände entworfen und aufgebaut. Sie hat der Firma Kappus ihren unverwechselbaren Stempel aufgedrückt und sie damit zum innovativsten Seifenhersteller Deutschlands profiliert. Ihre Handschrift ist flexibel. Weiche Aquarelle wechseln mit strengen, graphischen Entwürfen, Papierplastiken mit illustrativen Zeichnungen. Vieler Agenturen hätte es bedurft, eine solche Variabilität zu erzeugen.*

*Die in Berlin geborene Großstadtpflanze Evelyn ließ sich 1965 nur widerstrebend nach Heusenstamm umsetzen, damit unsere Töchter in ländlicher Umgebung großwerden konnten. Obwohl sie berufstätig war, erzog sie die beiden zielgerichtet, wobei sie Disziplin und Freiheit im Wechsel wohl dosierte. Das hat ihnen gut getan.*

*Kein Ziel war zu weit, keine Reise zu beschwerlich, die Welt durfte es immer sein. Sie kennt alle Erdteile und war unersetzlich als Reisebegleiter, Gesprächspartner, Ratgeber und hochgeschätzter Impulsgeber.*

*Würde man sie festbinden, ginge sie zugrunde. Ihre Malerei hat sie stark eingeschränkt, um in den immer schnellebigeren Zeiten Kappus stets rechtzeitig ein modernes Gesicht geben zu können. Aber aufgehoben ist nicht aufgeschoben. Der Stift ist ihr Handwerkszeug, die Beherrschung der Technik das Pfund, mit dem sie wuchert. Können ist zeitlos. Die moderne Computertechnik versetzte sie in Erstaunen, aber technikgläubig wurde sie dadurch nicht. Um eine Handschrift zu erzeugen, braucht man die Hand, meint meine Frau zu recht.*

Durch die Teilnahme an den Frankfurter Messen und vielen anderen Fachmessen in aller Welt wurde die Offenbacher Seifenfabrik international immer bekannter und exportierte bald in über achtzig Länder dieser Erde.

1976 konnte Wolfgang Kappus der Offenbach-Post nicht ohne Stolz berichten, daß seine Firma von Rezessionserscheinungen weitgehend verschont geblieben sei. Das Unternehmen, das bei der 125-Jahr-Feier im Jahr 1973 einen Marktanteil von etwa sieben Prozent hatte, beschäftigte rund 250 Leute, zu achtzig Prozent Frauen. Siebzig Prozent der Mitarbeiter waren bereits zu dieser Zeit Ausländer, die heute aus insgesamt acht Nationen stammten.

Wolfgang Kappus hatte die innerstädtische Lage der Fabrik immer als Vorteil betrachtet. Seine Mitarbeiter, meist ausländische Frauen, die

*Kappus-Messestand auf der Frankfurter „Premiere" 1994.*

weder Wagen noch Führerschein besaßen, konnten ihren Arbeitsplatz zu Fuß erreichen; viele der Arbeiterinnen wohnten (und wohnen) direkt neben der Firma; „ein Vorteil", so Kappus, „der sich auszahlt". Und weil der in Heusenstamm wohnende leidenschaftliche Offenbacher Kappus nie auch nur andeutungsweise vorhatte, den Stammsitz der Firma zu verlassen, wurde dort, dank guter Wirtschaftslage, nun kräftig investiert.

1987 forderte das Umweltbewußtsein, das für Johann Martin Kappus und seine firmengründenden Zeitgenossen weder als Wort noch als Philosophie existiert hatte, seinen Tribut. Die Firma stellte die betriebseigenen Dampfkesselanlagen von Schweröl auf schwefelarmes Leichtöl um, außerdem mußte eine neue Kläranlage zur Behandlung des Seifenwassers eingebaut werden. Die Abwässer bei der Seifenherstellung enthalten, ähnlich wie im Haushalt, Öle und Fette, schwer flüchtige lipopile Stoffe (SLS). Die neue Anlage senkte die SLS-Belastung von rund hundert auf zwölf bis fünfzig Milligramm. „Die Anlage haben wir ganz freiwillig eingebaut", sagte Wolfgang Kappus, denn den vorgeschriebenen Grenzwert von 440 Milligramm habe er immer eingehalten.

Schon in den siebziger Jahren hatte er Umweltbewußtsein bewiesen. Als einer der ersten in Deutschland brachte er besonders phosphatarme Waschmittel auf den Markt, eine Entwicklung, die den Branchenriesen nicht gefiel: Sie

drohten ihm mit Prozessen, auf die sich der Offenbacher Mittelständler finanziell nicht einlassen konnte. (Von den einst zweihundert vollstufigen deutschen Seifenfabriken waren Ende der achtziger Jahre weniger als zehn übriggeblieben.

*Die Kollegen verabschieden Verkaufsleiter Heinz Dellbrügge und Harry Embcke, den Leiter der Hamburger Niederlassung (1990).*

Den Markt teilten sich die Großkonzerne wie Unilever, Palmolive, Procter & Gamble oder Henkel). Kappus kapitulierte. Er gab die Produktion seines angefeindeten Waschmittels wieder auf und verlegte sich auf die Entwicklung einer neuen Rasiercreme. Über eineinhalb Millionen davon verkaufte er 1989 in das neue Absatzland Rußland.

Im Sommer 1988 wurde zum 140. Firmenjubiläum ein Erweiterungsbau auf dem Firmengelände eingeweiht. Der Bau des vierstöckigen Hauses mit seinen tausend Quadratmetern, auf denen neue Verpackungsmaschinen aufgestellt wurden, hatte zwei Millionen Mark gekostet.

Im Januar dieses Jahres war nach einem Interregnum der CDU der Sozialdemokrat Wolf-

*Die Firma Kappus
in einer Luftaufnahme von 1992.*

gang Reuter als Oberbürgermeister ins Offenbacher Rathaus eingezogen. Er hatte seit 1986,
nach der Abwahl von Walter Suermann (CDU),
die Geschäfte der Stadt kommissarisch geführt;
seinen Wahlkampf gewann er mit dem Verspre-
chen, das städtische Hallenbad für die Bürger zu
erhalten, koste es, was es wolle. Am 1. Juli, fünf
Monate nach der Wahl, kündigte er die endgül-
tige Schließung des Bades an.

In den achtziger Jahren bekam Wolfgang
Kappus die Nachteile des Stamm-Standorts zu
spüren, Nachteile, die paradoxerweise nicht zuletzt darauf gründeten, daß die Firma prosperie-
te: Das Unternehmen verfügte in Offenbach jetzt
über fünftausend Quadratmeter Produktions-
fläche, in der Siederei entstand täglich die Grund-

substanz für etwa eine halbe Million Stück Seife.
Insgesamt produzierten die damals 285 Mitarbei-
ter auf fünfzehn automatischen Produktions-
straßen jährlich zirka achtzig Millionen Stück. Der
Umsatz lag bei vierzig Millionen Mark, und das
Grundstück an der Luisenstraße wurde zu eng,
Expansionsflächen standen mitten in der Stadt
nicht zur Verfügung.

Als sich 1988 die Eigentümer der traditionsreichen (West-)Berliner Seifenfirma Puhl aufs
Altenteil zurückzogen, ergriff Wolfgang Kappus
die Gelegenheit und kaufte das Unternehmen,
das damals hundert Mitarbeiter hatte. Das Engagement bei Puhl sollte allerdings ein recht kurzes
Intermezzo bleiben. Im Jahr 1997 wurde die
Firma liquidiert.

1988, ein Jahr vor dem Mauerfall, konnte das allerdings noch niemand voraussahnen. Die Firma Puhl stand in der Treptower Straße, auf einem Gelände direkt an der Mauer, und wenn Wolfgang Kappus dort an seinem Schreibtisch saß, konnten ihn östliche Grenzpolizisten mit dem Fernrohr beobachten. Drei Jahre später war die Mauer verschwunden, und man blickte auf freies Feld. Die Firma, die beim Kauf am äußersten Rand Berlins gelegen hatte, fand sich jetzt im Zentrum der neuen Hauptstadt – und von einer (bezahlbaren) künftigen Erweiterung konnte auch hier nicht mehr die Rede sein.

Nach dem Zusammenbruch der DDR und dem Beitritt der neuen Bundesländer kaufte Wolfgang Kappus 1992 die größte ostdeutsche Seifenfabrik, das Konsum-Seifenwerk Riesa in Sachsen. Sein Schulkamerad Heinz Nennstiel wurde kaufmännischer Leiter der Firma, die jetzt Kappus Riesa heißt. Der Umsatz in Offenbach lag 1997 bei 42, in Riesa bei 11 Millionen Mark; die Investitionen in beiden Werken werden 1998 jeweils eine halbe Million Mark betragen; die Mitarbeiter in beiden Werken produzieren jährlich mit rund 7000 Tonnen Seife zehn Prozent der gesamten deutschen Fabrikation, wovon 40 Prozent für den Export hergestellt werden. 1997 arbeiteten in Offenbach 208 und in Riesa 59 Beschäftigte, 1998 werden es nur noch 185 in Offenbach, dafür aber 75 in Riesa sein. Kappus ist heute, trotz der mittelständischen Struktur, einer der fünf größten Seifenhersteller in Deutschland.

Nach dem 140jährigen Firmenjubiläum hatte Wolfgang Kappus dem Stadtarchiv und dem Ledermuseum, dessen Senat er angehört, je einen Scheck von 7.000 Mark überreicht; hundert Mark für jedes Jahr des Bestehens der Firma. Stadt-

archivar Hans Georg Ruppel finanzierte davon mehrere Projekte wie etwa eine Geschichte der Offenbacher Kinos, eine Arbeit über die Fahrradindustrie oder Vorarbeiten für eine Untersuchung der sogenannten Arisierungen in Offenbach.

Etwa 120.000 Mark kostete die „Martin Kappus", ein neues Feuerlöschboot, das im Jahr 1990 der Urenkel des Namensgebers der Offenbacher Berufsfeuerwehr taufte. Der Feuerwehr, zuständig auch für ein fünfzehn Kilometer langes Stück Main, werde das neue Boot „bei der Beseitigung von Umweltschäden, bei Öl-Leckagen, bei Löscharbeiten auf dem Wasser, bei der Beseitigung von Fischkadavern und der Bergung von Menschen" dienen, berichtete die Frankfurter Rundschau.

Im Jahr 1992 starb Dr. Georg Kappus. Auf seinen immer wieder geäußerten Wunsch rief die Familie im darauffolgenden Jahr die „Ludwig, Alfons, Georg und Wolfgang (LAGW) Kappus-Stiftung ins Leben. Die Stiftung mit einem Stammkapital von 400.000 Mark will hilfsbedürftige Menschen, die Altenpflege sowie die Kunst und Kultur unterstützen und fördern. Zu den Empfängern gehören neben dem Kunstverein, dem Förderverein der Hochschule für Gestaltung unter anderem die städtische Altenpflege, die Blindenvereinigung, die Aids-Hilfe, der Verein zur Förderung spastisch Gelähmter und Körperbehinderter. Zu dem Stiftungsrat gehörte auch Patricia, Wolfgangs älteste Tochter.

## WOLFGANG KAPPUS – DIE FÜNFTE UND SECHSTE GENERATION

*Patricia, unsere älteste Tochter, ist die Zukunft des Unternehmens. 1963 in Frankfurt geboren, wuchs sie in Offenbach und Heusenstamm auf, machte dort auch ihr Abitur. Nach einer kaufmännischen Lehre erwarb sie sich durch Praktika in England und der Schweiz spezifische Branchenkenntnisse.*

*Generation Nummer sechs:*
*Jennifer und Lucas mit ihren Eltern*
*Patricia Kappus-Becker und Alexander Becker.*

*In direkter Linie vom Gründer abstammend, hat sie viele kappustypische Eigenschaften in der fünften Generation konserviert. Heimatverbunden ist sie, und konsequent bis zur Sturheit vertritt sie ihre Meinung, verfolgt sie ihre Ziele. Die Familie hat erste Priorität. Die sechste Generation, Jennifer (geboren am 12. Juni 1991) und Lucas (geboren am 19. August 1993), brauchen die mütterliche Fürsorge nicht zu entbehren. Als eigenwillige Persönlichkeiten stellen die beiden die Kontinuität Kappus'scher „Knoilköppe" sicher.*

*Zusammen mit Ehemann Alexander Becker, der den Inlandsverkauf der Firma leitet, stellt Patricia heute schon im Unternehmen entscheidende Weichen. Ihre Fairneß und ihr Teamgeist erleichtern den beiden die Zusammenarbeit mit den großen, internationalen Kunden ebenso wie mit der multikulturellen Gesellschaft im Unternehmen. Patricia hat sich schnell im komplizierten Dickicht der Unternehmensführung zurechtgefunden und versteht es, kaufmännische und technische Vorgaben miteinander zu verbinden.*

*Reisen sieht sie als notwendige Übel an. Wenn sie stattfinden, haben sie deshalb eher rationale, weniger emotionale Ursachen. Das väterliche Angebot, das Familienunternehmen aufzugeben, wies sie entrüstet von sich. Tradition bedeutet ihr etwas. Obwohl ihre Entscheidung freiwillig war, ist die Doppelbelastung von Familie und Unternehmen eine Bürde. Zur mittelständischen Unternehmerin bringt sie gute Voraussetzungen mit. Zielstrebigkeit, analytische Fähigkeiten, technisches Verständnis und Sinn für soziale Gerechtigkeit.*

*Wie alle Kappus' neigt sie nicht zu Äußerlichkeiten. Unter ihrer Führung wird das Unternehmen ins nächste Jahrtausend gehen. Ob das politische und wirtschaft-*

*liche Umfeld diese mutige Entscheidung weiterzu-
machen in Zukunft rechtfertigt, wird sich heraus-
stellen. Hochachtung verdient sie in jedem Fall.*

*Patricias jüngere Schwester Cordula, der die Natur
Freiheitsdrang, Reiselust und die künstlerische Krea-
tivität der Mutter in die Wiege gelegt hat, macht als
Senior Art Director die Agenturkarriere, die ihrer
Mutter versagt blieb. Sie hat bereits die ersten Auf-
machungen für die Firma entwickelt und in die
Kollektion integriert. Ihre Fähigkeiten stehen bereit,
wenn sie gebraucht werden.*

*Cordula Kappus*

Wolfgang Kappus zählt sich zu jenen, denen die „res publica", also das öffentliche Wohl, das Interesse an den Angelegenheiten aller, am Herzen liegt. Als die Industrie- und Handelskammer im Jahr 1997 ihr 175jähriges Bestehen feierte, schrieb die Frankfurter Allgemeine Zeitung: „... Kappus verbirgt seine Überzeugung nicht, wenn er betont, ein 'Sozialliberaler' zu sein ... Den 'Job-Killer-Kapitalismus' hält er für zynisch, weil er den Menschen an den Rand dränge. Dabei weiß der mittelständische Unternehmer, in dessen Fabrik 200 Frauen arbeiten, 'daß die Marktwirtschaft keine moralische Veranstaltung ist' und die Firma ihre Zukunft im Wettbewerb sichern muß".

Der „lebenslange Offenbacher" mit Wohnsitz in Heusenstamm hat immer wieder versichert, daß sein Unternehmen am Stammsitz in Offenbachs Luisenstraße bleiben soll. Die Firma Kappus, die zu etwa achtzig Prozent ausländische Frauen beschäftigt, bietet diesen Frauen Arbeitsplätze und Weiterbildungsmöglichkeiten an, eine Offerte, die im Nachhinein so selbstverständlich

erscheint wie den Nachgeborenen die Einführung der Pensionsberechtigung oder des Achtstundentags, Kappus-Pioniertaten von 1903 und 1904.

Die Stadt Offenbach zählte bei der Geburt des Firmengründers Martin Kappus knapp über 6.000 und bei seinem Tod rund 60.000 Köpfe. 1997 war sie eine Großstadt mit etwa 118.000 Einwohnern, von denen 36.195, also fast 32 Prozent, keinen deutschen Pass hatten. Viele ehemalige Offenbacher leben heute im Umland oder in Vororten, die zu Johann Martins Zeiten eigenständige Dörfer waren oder überhaupt noch nicht existierten. Doch nach wie vor wohnen die Arbeiterinnen der Firma Kappus in der Nähe ihres Arbeitsplatzes, genau wie vor über hundert Jahren. Nur ihre Sprachen haben sich geändert.

1948, am Tage der Währungsreform, hatte der fünfzehnjährige Wolfgang Kappus das hundertste Jubiläum der Firma miterlebt. Für das 125ste, das nur mit den Mitarbeitern gefeiert wurde, war er bereits federführend. Das 140jährige beging man mit einem Tag der offenen Tür und einem Betriebsfest.

**125**

Das hundertfünfzigste Jubiläum aber wird, nicht nur wegen der ganz und gar runden Zahl, etwas Besonderes sein. Denn nicht allein die Firma Kappus feiert in diesem Jahr Jubiläum, sondern das ganze Land, dessen demokratische Entwicklung sich 1848, für allzu kurze Zeit, vorübergehend ahnen ließ. Hundertfünfzig Jahre später ist des Demokraten wie des Firmengründers Johann Martin Kappus gleichermaßen zu gedenken; und wenn sich Rührung einstellen sollte, gebührt sie dem einen wie dem anderen.

# KAPITEL 9

# FAZIT UND AUSBLICK

Die Geschichte der Firma wie der Familie Kappus wird immer untrennbar mit den Ereignissen des Jahres 1848 verbunden sein. Die Revolution von 1848, dem Jahr, in dem Johann Martin Kappus die Grundlage für die Existenz seiner Kinder, Enkel und Urenkel schuf, war zugleich auch eine Revolution der Volkswirtschaft. Auch Arbeitslose gingen vor 150 Jahren auf die Straße und verlangten, daß der Staat für Arbeit sorgen und der freien Entfaltung des Kapitals einen gewissen Rahmen setzen solle.

Im Deutschland vor 1848 hatte die Regierung die Wirtschaftsform ignoriert, hatte sich kapitalistische Kraft unkontrolliert entwickeln können. Daß das schnell wachsende Proletariat, die noch relativ junge Klasse der Industriearbeiter sich damit nicht lange zufriedengeben würde, war jenen Männern klar, die die Ideen und Moralvorstellungen der Revolutionsjahre teilten, Männer, zu denen große deutsche Unternehmer wie Krupp in Essen, aber auch kleine wie Martin Kappus in Offenbach zählten.

Sie waren es, die den Gedanken eines sozial verantworteten Kapitalismus, einer Nicht-Ausnutzung ihrer Leute, vorwegnahmen und zum Teil umsetzten. Die Arbeiter der Firma Kappus waren krankenversichert seit 1883, erhielten 1903 die Pensionsberechtigung, 1904 regelmäßigen bezahlten Urlaub und den Achtstundentag – allesamt Pionierleistungen, die der Betrieb als einer der ersten in Deutschland verwirklichte.

Dieses Denken, erstmals artikuliert 1848, war das Fundament für die Konzepte, aus denen Walter Eucken und Ludwig Erhard ein Jahrhundert später die soziale Marktwirtschaft formten. Die Quintessenz findet sich, 1949 formuliert, im Grundgesetz, Artikel 14, Absatz 2: „Eigentum verpflichtet. Sein Gebrauch soll zugleich dem Wohle der Allgemeinheit dienen."

Durch sein Eigentum fühlte sich einst auch Martin Kappus zur Fürsorge für seine Mitarbeiter verpflichtet. Was er und seine Zeitgenossen in patriarchalischer Herrschaft praktizierten, was seine Söhne Ludwig, Adolf und Martin und sogar noch sein Enkel Alfons als ein gleichsam naturgegebenes Gebot ansahen, ist längst zum Gesetz geworden – manche betrachten dies als Segen, andere wiederum als eine Art Rückschritt.

Heute wird der Wirtschaftsstandort Deutschland im wesentlichen von anonymen Kapitalgesellschaften beherrscht, hinter denen keine Eigentümer mehr stehen. Sozial-patriar-

chalisches Verhalten ist nicht mehr gefragt. Ein verantwortlicher Vorstand bekommt sein Gehalt, auch wenn er einem Betrüger millionenschwere „peanuts" anvertraut. Ein Eigentümer, ein Exemplar jener selten gewordenen Spezies, würde ein derartiges Fehlverhalten schmerzhaft spüren – er wäre betroffen, in jeder Hinsicht.

Um den weltweit gewordenen Konkurrenzkampf bestehen zu können, kommt es zu immer größeren Zusammenschlüssen, eine Oligopolisierung, wenn nicht Monopolisierung bahnt sich überall an. Doch diese Konzentration wirtschaftlicher Macht birgt für die Gesellschaft die große Gefahr der Abhängigkeit von einigen wenigen Anbietern, die den Markt unter sich aufteilen und selbstherrlich bestimmen. Anonymes Kapital, das anonymen Gesellschaftern gehört, ist nur sich selbst verpflichtet, nicht aber einer sozialen Marktwirtschaft.

Ein gewisser Widerspruch zum Text des Grundgesetzes ist hier nicht zu übersehen.

Die offensichtlichen Mängel des Systems im Blick, ist heute augenscheinlich, daß staatliche Regulierung allein nicht alles zum Guten wenden kann. Industrie- und Handelskammern veranstalten Existenzgründerlehrgänge, und sogar die Banken ermutigen den Nachwuchs zum Gründen. Gefragt sind in den Chefetagen wieder, wie zu Zeiten von Martin Kappus, fleißige und vor allem risikobereite junge Leute, die Arbeitsplätze, schaffen; Arbeitsplätze die, wie die Erfahrung zeigt, nur in kleinen bis mittelständischen Unternehmen entstehen können, denn die „Großen" bauen ab.

Vielleicht stehen wir vor neuen Gründerjahren. Geschichte pflegt sich zu wiederholen, und wer aus ihr lernt, kann auch kommende Probleme meistern.

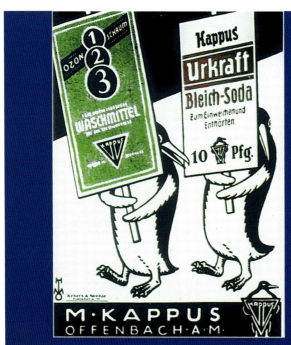

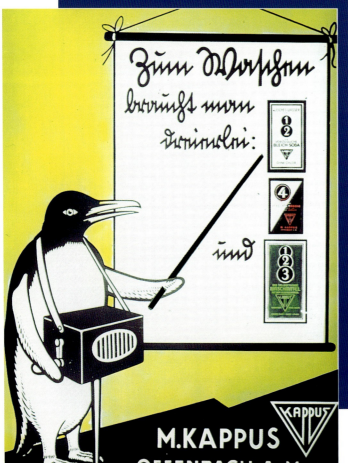

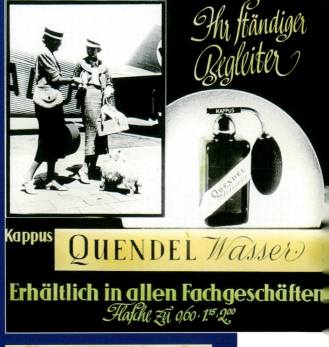

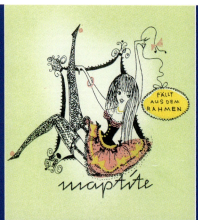

Erklärliches!
Der Hund dort rechts
am Wagen ist ein Schnauzer,
und weiter oben
das ist ein Paket,
und wenn ein Dieb kommt,
wird der Schnauz- zum Gauzer,
dieweil doch sonst
das Päckchen flöten geht.

Das wäre schlimm,
denn in dem Kästchen wartet,
als Sympathienspender noch latent,
bereits
'visitenkärtlich abgekartet'
ein farbenprächtig-
duftiges Präsent.

Ein kluger Mensch,
der gerne gibt,
wählt reiflich überlegt,
das heißt mit Reife,
weil er gepflegte
Überraschung liebt:

Geschmack plus originell
gleich KAPPUS-SEIFE

Preisliste 1966-67

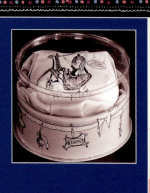

**m.kappus** Geschenkpackungen
aus dem Hause der
außergewöhnlichen Seifen

134

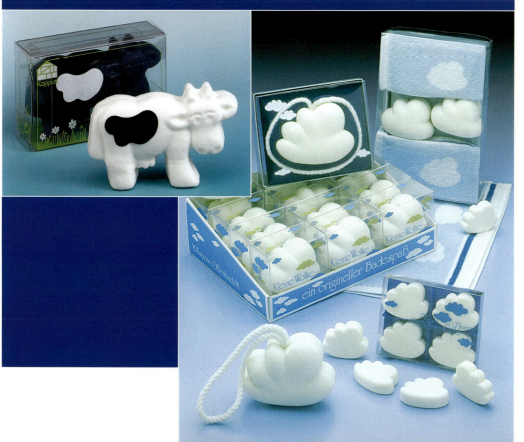

# TEIL 3

## 4500 JAHRE SEIFE

## EINE KLEINE KULTURGESCHICHTE

# Vom Natronton zur Dampfseife

Renate Lenz-Hrdina

**„Die Seife ist ein Maßstab
für die Kultur und den Wohlstand der Staaten."**
(Justus von Liebig, 1844)

Den ersten Hinweis auf die Existenz von Seife haben die Sumerer hinterlassen. Sie lebten in Mesopotamien, im Delta von Euphrat und Tigris, dem heutigen Irak. 2500 Jahre vor unserer Zeitrechnung notierten sie auf Keilschrifttäfelchen, daß sie sich mit einer Art Schmierseife wuschen, zu deren Herstellung sie Pflanzenöle mit Pottasche verkochten; daneben benutzten sie auch schäumende und reinigende Pflanzenextrakte, wie etwa die der Seifenwurzel. Die Natur war ihr Lieferant, und sie wußten das Angebot zu nutzen.

Auch Natron, neben den Fetten der wichtigste (fettlösende) Bestandteil der Seife, kommt in der Natur verhältnismäßig oft vor. Es findet sich in meterhohen Schichten in den ausgetrockneten Seen der Wüsten, und Bergleute holen es aus der Tiefe der Erde, wohin es das Wasser vor Millionen von Jahren geschwemmt hat.

Die vielfältigen Verwendungsmöglichkeiten des Natron kannten schon die Ägypter. Es war für sie nicht nur ein wichtiges Mittel im Mumifizierungsprozeß königlicher Leichen; Stücke von Natronton dienten auch zum rituellen Händewaschen der Priester. Im großen Tempel des Amon in Theben war es für die Gottesdiener Vorschrift, sich zweimal täglich und einmal nachts von Kopf bis Fuß zu waschen, daneben griffen sie vor und nach den Mahlzeiten und bei der Zubereitung der Opfer zum Natronton, um sich zu säubern.

Außerdem verwendeten die sauberkeitsbesessenen Ägypter eine Mischung aus Asche und Tonerde als Reinigungspaste, und um den Körpergeruch nachhaltig zu bekämpfen, rieben sie sich mit einer Salbe ein, einer Harzmischung, die unter anderem Weihrauch und Therebinten enthielt. Aus Pharaonengräbern sind seifenähnliche Salben erhalten, und aus dem Vorhandensein von Rasiermessern darf auf die Verwendung einer Art Rasierseife geschlossen werden.

Es ist anzunehmen, daß nicht nur die Ägypter, sondern auch die Assyrer, Babylonier und Meder schon den Gebrauch natürlicher Soda gekannt haben, daß sie für die Reinigung ihrer Kleider die seifenhaltigen Stoffe gewisser Pflanzen wie Seifenbaum, Seifenkraut oder Kassia nutzten und in Verbindung mit dem Kaligehalt pflanzlicher Aschen, der reinigenden Wirkung der Galle und der absorbierenden Eigenschaften der Mandelkleie ganz annehmbare Waschmittel zustandebrachten. Für die tägliche Körperhygiene verwendeten sie zusätzlich aromatisierte Reinigungsöle.

Aus dem Sumerischen ist das Substantiv „naga" als Bezeichnung für eine Seife überliefert, die aus Lehm, Öl und Pottasche bestand (ca. 3000 v. Chr.). Und auch das Alte Testament berichtet von Seife, zweimal sogar: Bei Hiob (9,30) ist die Rede vom Waschen der Hände mit Lauge, und bei Jeremias heißt es: „Und wenn du dich gleich mit Lauge wüschest und nähmest viel Seife dazu ..." (2, 22).

Öl, schreibt Egon Friedell in seiner Kulturgeschichte Griechenlands, habe bei den Griechen des fünften vorchristlichen Jahrhunderts eine wichtige Rolle als Schmutzentferner gespielt: „Ein beliebter Entwurf der antiken Plastik ist ... ein junger Mann, der das eingeriebene Öl, das Staub und Schmutz aufsaugt, mit einem Schabstein abkratzt ... Nach Tische reinigte man sich die Hände (was sehr nötig war, da man sie ja als Eßbesteck gebrauchte) mit Brot oder parfümiertem Ton ... Außerdem verwendete man noch Kleie und Sand, Asche und Soda; besonders aber der Bimsstein ... war ein Universalmittel: Er diente zum Putzen der Zähne, zur Säuberung des Teints, zur Entfernung der Haare und Runzeln, aber auch zur Glättung des Leders, zum Spitzen der Schreibrohre, zum Radieren auf Pergament."

Der griechische Schriftsteller Dioskorides nennt ein Präparat aus Rebenasche und Olivenöl als Mittel zum äußerlichen Gebrauch. Der gleiche Autor erwähnt die damals gebräuchlichen Bleipflaster, für die Olivenöl mit Bleiglätte zusammengekocht wurde. Dieser Art „Seife" wurde gute Heilwirkung bei bestimmten Hautkrankheiten nachgesagt.

Etwa um 77 n. Chr. berichtete Plinius in seiner „naturalis historia", daß die Germanen und Gallier bereits einfache Seife herstellten, während sie in der römischen Kaiserzeit noch nicht in Gebrauch war. („prodest et sapo. Galliarum hoc inventum rutilandis capillis. Fit ex sebo et cinere, optimus fagino et caprino, spissu ac liquidus, uterque apud Germanos majore in usu viris quam feminis".) Danach wäre die Seife eine „Erfindung der Gallier zum Rotfärben der Haare, aus Talg und Asche gemacht, am besten aus Buche oder Weißbuche, fest oder flüssig, genutzt mehr von Männern als von Frauen."

Die Seife – eine gallische Erfindung, aber in Germanien verwendet? Das Wort „sapo" hat keine gallische, sondern eine althochdeutsche Wurzel; daraus schließen manche Linguisten, daß auch die Seife selbst eine germanische Erfindung war, die lediglich den Weg über Gallien gemacht habe, bevor die Römer sie kennenlernten. Der althochdeutsche Begriff heißt seiffa, seifa, seipha. Das französische „savon", „sapone" auf italienisch wie auch das englische „soap" und, holländisch, „zeep" sind von „seiffa" entlehnt.

Als Waschmittel wird die Seife zuerst von Galen (129 - 199 n. Chr.) genannt. Auch er unterscheidet germanische und gallische Seife; er nennt die germanische die beste, weil sie die feinste und fetteste sei. Im vierten nachchristlichen Jahrhundert ist in Rom bereits ein „saponarius", ein Seifenmacher, nachgewiesen.

Fast zwei Jahrtausende lang wurde Pottasche, durch Auslaugen von Holzasche erhalten, mit gebranntem Kalk in Kalilauge übergeführt und mit dieser das Fett, hauptsächlich Talg, zu Seife verkocht, wobei man den Seifenleim mit Kochsalz aussalzte. Wie diese Seifen auf die Haut gewirkt haben, mag sich daran zeigen, daß im kaiserlichen Rom Seife aus dem Marburger Raum großen Absatz fand – zum Haarebleichen, ganz wie von Plinius beschrieben. Bis zum Anfang des 19. Jahrhunderts wurde in kleinen Seifensiedereien der Eifel, Thüringens und Schlesiens durch Übergießen von Buchenasche mit frisch gelöschtem Kalk Ätzlauge hergestellt.

Aus der Zeit Karls des Großen, dem neunten Jahrhundert, stammt das Capitulare de villis, ein Regelwerk für den Betrieb der königlichen Meierhöfe, die den Hof versorgten. Dort ist mehrfach auch Seife erwähnt, was den Schluß nahelegt, daß sie in diesen Meiereien hergestellt wurde. Es wird ausdrücklich betont, daß jeder Amtmann unter seinen Handwerkern einen Seifensieder haben soll.

Im höfischen Leben hatte Seife offensichtlich ihren festen Platz. Die völlige Vernachlässigung der Körperpflege war ein berichtenswerter Ausnahmezustand. „Im Bad wusch er sich kaum jemals mit Waschmitteln und Mitteln, um die Haut glänzend zu machen, was um so erstaunlicher ist, als er von der Wiege an mit solchen Mitteln der Reinlichkeit ... aufgezogen worden war", heißt es von Brun, dem Bruder Ottos des Großen.

In manchen mittelalterlichen Klöstern gestatteten die strengen Regeln dagegen nur zweimal jährlich – zu Weihnachten und Ostern bzw. Pfingsten – ein Vollbad. Woanders wuschen sich die Mönche allerdings sehr viel öfter, einige Regelwerke schrieben sogar mehrmaliges tägliches Schrubben vor; und die Samstage waren der Vollreinigung inklusive Fußwaschen gewidmet.

Im 14. Jahrhundert war die venezianische Seife in ganz Europa begehrt. Die 'saoneri' der Serenissima übertrafen nun die zuvor marktbeherrschenden Spanier mit der Herstellung der 'kastilischen Seife'. Sie war weiß und hart, hatte

einen angenehmen Geruch und ließ sich als Luxusware in nördlichen Ländern verkaufen, wo die gewöhnliche Hausseife weich, dunkel und übelriechend war, weil sie aus tierischen Fetten hergestellt wurde. Anstelle von Talg verwendeten die venezianischen Seifensieder Olivenöl, das mit Schiffen aus Apulien kam. Und statt der Pottasche, die man im Norden als Alkali verwendete, nahmen die Venezianer aus Syrien importierte Aschen einer besonderen Strauchart, die einen hohen Prozentsatz Soda enthielt und folglich eine feste Seife lieferte. Diese Seife konnte je nach dem Geschmack des Kunden parfümiert werden.

Im 15. Jahrhundert, dem goldenen Zeitalter der Seerepublik, gab es in Venedig 25 Seifenfabriken, die über zwei Millionen Pfund Seife pro Jahr herstellten; noch heute sind zwei Straßen nahe dem Rialto nach diesem Gewerbe benannt. Und auch später, als Marseille zum Seifenmekka geworden war und die Venezianer ihre Produktion erheblich gedrosselt hatten, wußte man im Ausland ihre Produkte noch zu schätzen: „Zu der Artzney aber wird fürnemlich die schwarze Seyffen gelobt, wie die im Niderland bereytet wirdt, zu der wohlriechenden küglein aber braucht man die venedische seyffen." (Wirsung Arzneibuch 1597). Im 17. Jahrhundert waren vornehmlich Marseille, Savona und Genua Sitz blühender Seifenindustrie, und sie florierte auch in England.

1334 organisierten sich die Seifensieder in Augsburg, 1336 in Prag, 1337 in Wien und Nürnberg sowie 1384 in Ulm erstmals in besonderen Seifensiederzünften. In kleineren Städten fand man andere Lösungen: So hatten beispielsweise in Reutlingen die Bader das Recht, Seife zu machen, vielleicht, weil sie mit den Metzgern zu

*Vorindustrielle Seifenherstellung.*

einer Zunft gehörten. Vom Multi-Rohstofflieferant Rind ließ sich das Fett zur Seifenherstellung gewinnen.

Die Bäder des mittelalterlichen Deutschland waren, ähnlich wie im antiken Rom, Stätten vergnüglicher Geselligkeit. Freunde wurden nicht selten im eigenen Badezimmer empfangen, und Miniaturen zeigen, daß Frauen und Männer in den öffentlichen Bädern ungezwungen miteinander plauderten, aßen und scherzten. Erst allmählich gerieten diese Orte in den Ruf lockerer Anstalten, die Badefrauen galten als Dirnen, die Bäder als Herde von Aussatz und Pest, die Baderzunft wurde zu einer verachteten Gruppe. Schließlich verschwanden die Bäder ganz aus den Städten; von nun an griff eine Körper- und Badefeindlichkeit um sich, die ihren Höhepunkt im ausgehenden 18. und frühen 19. Jahrhundert erreichen sollte.

Doch zurück zu den mittelalterlichen Badestuben. Hier waren zunächst Schwitzbäder weit gefragter als die teureren Wannenbäder, man

schwitzte den Dreck sozusagen heraus. Gewaschen wurde, mit Lauge, nur das Haar. Dieser Vorgang hieß „zwagen"; den „Seifengischt" erzeugten Badefrauen. In einem satirischen Gedicht von 1535 heißt es vom „zwagen":

> „Wär nur die laugen nit so scharff,
> so wolt ich lassen zwagen mich...
> Nun her, die laug ist schon gemacht,
> Gezwagen das die schwarten kracht."

Unter den zahlreichen Rezepten zum Kopfwaschen spielten die Kamillenblüten neben vielerlei anderen Kräutern eine Hauptrolle. Sie wurden entweder in der Lauge gesotten oder fein geschnitten in Säckchen genäht und in die heiße Lauge geworfen. Wer zuhause badete, stellte sich die fertig zubereitete Lauge in einem Krug neben den Badezuber, so, wie man sich heute ein Stück Seife oder ein Fläschchen Shampoo bereitlegt.

Die Benutzung von Seife in Stücken blieb in Deutschland im Mittelalter und der frühen Neuzeit bis weit nach dem Dreißigjährigen Krieg ziemlich selten und wurde als Luxus angesehen. Auslandsreisende, die ihren Freunden Seife aus Italien oder Frankreich mitbrachten, mußten sicherheitshalber eine Gebrauchsanweisung beilegen, da sie annehmen mußten, daß die Empfänger sonst nichts damit anzufangen wußten.

Dagegen war sie in der Volksmedizin als Heilmittel gang und gäbe. Braune Seife half gegen Blutungen, Seifenspiritus war ein wirksames Einreibemittel, grüne Seife zog Splitter aus dem Fleisch und verhinderte Blasenbildung bei Brandwunden, und besonderes Lob fand als Arznei die schwarze Seife. Als Kuriosität seien hier noch eine Seife mit Quecksilberanteil erwähnt, die man mindestens bis Ende des 19. Jahrhunderts zu Desinfektionszwecken benutzte und eine andere bakterizid wirkende Seife, die mit feinem Silberpulver vermischt war und als äußerst wirksam galt.

1550 erläuterte etwa der Botaniker Adam Lonicer in seinem Kräuterbuch, sie mache die Haut weich und reinige Geschwüre: „Seyff reiniget wunden, zeucht eyter auß, weychet harte Geschwer." Und: „Mit Seyffe geschmiert die grindige Haut, dorret fast, und benimpt den Grind."

Der Italiener Tommaso Gazoni empfahl 1641 Seifenherstellung aus Öl und nannte das apulische als das beste zu diesem Zweck.

Allgemein war zu dieser Zeit das Waschen mit alkalischer Holzasche gebräuchlich, mit dem sogenannten Laugenbeutel. Das war ein kleiner, mit Asche gefüllter Beutel, aus dem durch Übergießen mit kochendem Wasser die Alkalität ausgelaugt wurde. In jedem größeren Haushalt war zudem die Herstellung von „Haushaltsseife" durch Verseifen von Talg oder Tran ein übliches Verfahren; und hierin sehen Fachleute eine Ursache für die jahrhundertelange gehemmte Entwicklung der Seifenfabrikation.

Darüber hinaus herrschte noch im 18. Jahrhundert die Ansicht vor, das Waschen ließe die Poren durchlässig werden, öffne sie für jede Art übler und krankheitsverursachender Miasmen. Also kleisterte sich die feine Gesellschaft die Haut lieber mit Puder zu, „verschloß" sie vor allem Bösen, was da Einlaß begehren mochte. Ein einziges Mal, im August 1665, soll zum Beispiel Louis XIV. ein Bad genommen haben. 1667 ließ er sich in Versailles ein Badezimmer bauen, das niemals benutzt wurde und nur als Demonstration königlicher Pracht gedacht war. Die kalte Marmorwanne ließ er mit spitzenbesetztem Lei-

nen ausschlagen... Erst Louis Pasteur machte 1876 der Angst vor Miasmen endgültig ein Ende, als er die Mikroben als wesentliche Krankheitsüberträger entdeckte.

Um das Jahr 1800 verzeichnete Europa eine äußerst bescheidene Seifenproduktion. Der notorische Seifenmangel war wohl eine der Ursachen der hohen Kindersterblichkeit. Während feste, parfümierte Natronseifen, zu deren Herstellung Natron aus dem Mittelmeerraum verwendet wurde, der Oberschicht als Toiletteseifen zur Schönheitspflege dienten, waren die im Norden üblichen weichen Kaliseifen für Wäsche und andere Textilien bestimmt. Trotz dieser insgesamt dürftigen Bilanz war Europa der Seifenkontinent schlechthin; China beispielsweise kannte keine Seife.

Noch Anfang des 19. Jahrhunderts bewies Lady Montagu, eine große englische Dame, Schlagfertigkeit, indem sie einen Hinweis auf die zweifelhafte Sauberkeit ihrer Hände mit den Worten konterte: „Das nennen Sie schmutzig? Was würden Sie erst sagen, wenn Sie meine Füße sähen!" Doch das Hygienebewußtsein wuchs. Ebenfalls am Anfang des 19. Jahrhunderts errichtete in Frankfurt der Arzt Kohl ein Badeschiff auf dem Main, wo sich eine betuchte Klientel für teures Geld Kräuter-, Stahl-, Schwefel- und „wohlriechende" Seifenbäder gönnen konnte.

In den dreißiger Jahren des 19. Jahrhunderts begann der Seifenverbrauch in England zu steigen, eine Entwicklung, die auf das kontinentale Europa etwas später übergriff. Noch stellten die Hausfrauen ihre gewöhnliche Seife meist im Haushalt her und verbrauchten sie dort auch. Duftende Toiletteseife blieb lange ein Luxus; in Deutschland dauerte es noch rund zwanzig Jahre,

**143**

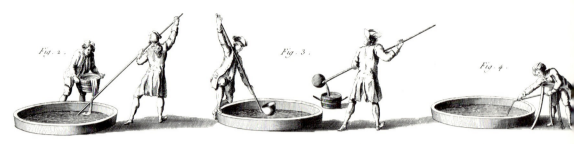

*Handwerkliches Gießen der flüssigen Seife in Formen und Schneid...*

bis die „kleinen Leute" begannen, sich mit dieser besonderen Ware zu waschen.

Gegen Mitte des Jahrhunderts wurde mehr und mehr Seife verbraucht, was auch durch einen steigenden Fettbestand ermöglicht wurde. Das Benutzen von Seife mag sich vom Waschen der stillenden Mutter bis auf die Reinigung ihrer Kinder erstreckt haben; schließlich ahmte die männliche Hälfte der Gesellschaft dies Beispiel nach. Zwischen 1830 und 1880 stieg der Seifenverbrauch in England auf das Zehnfache, und mit dieser neuen Gewohnheit, dem Waschen mit Wasser und Seife, erklärten Beobachter später die damals absinkende Kindersterblichkeit.

Zu dieser Zeit hatte in aller Stille schon der Siegeszug der Chemie begonnen, die die alte Seifensiederei zur Fabrik und das exklusive Luxus-Waschstück zur erschwinglichen Seife für alle machten. In der ersten bebilderten Abhandlung über die Kunst des Seifensiedens von du Hamel de Monceau (1774) war das Seifensieden noch als überlieferte Handwerkskunst beschrieben worden. Als Zutaten wurden genannt Hanf-, Lein- und Rüböl, Talg und Tran aus heimischer Produktion und als „Chemikalie" Holzasche. Der Seifensieder nutzte offenes Feuer, Muskelkraft und handwerkliche Erfahrung, um den Prozeß in Gang zu bringen und voranzutreiben.

Doch bereits 1787, wenige Jahre nach Erscheinen dieses Buchs, erfand Nicolas Leblanc die Methode, mit der er Kochsalz zu Soda umwandelte. Die künstliche Le-Blanc-Soda verdrängte nach und nach die teure, unreine Pottasche; die Seifenindustrie wurde bald zum Großabnehmer für dieses Produkt. Etwa zur gleichen Zeit, als man begann, die künstliche Soda in größerem Maß zu nutzen, veröffentlichte der Naturforscher Michel Eugene Chevreul seine epochemachenden Untersuchungen über die Konstitution der Fette und der Seifenbildung und bereitete damit den Weg für die moderne Seifenherstellung.

1824 erschien die zweite Auflage von Sigismund Hermbstädts „Kunst, Seife zu sieden", ein Standardwerk, das ganzen Generationen von Seifenmachern als Leitfaden diente. Darin beschreibt er unter anderem die Herstellung von transparenter Seife: „Die durchsichtige Seife, von mancherlei Farben, ist jetzt sehr beliebt. Man bereitet selbige aus schon fertiger harter Seife, oder auch nur aus Abschnitten derselben. Zu dem Behuf lasse man sich ein cylinderförmiges Gefäß aus verzinntem Eisenblech anfertigen. In demselben übergießt man die vorher in kleine Stücke geschnittene Seife mit ihrem fünffachen Gewicht gutem, wasserfreiem Weingeist und erhält das

 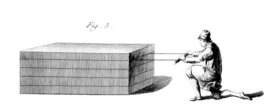

*erstarrten Seifenblöcke in gebrauchsfertige Stücke im 18. Jahrhundert.*

Gemenge so lange in der Wärme, bis alle Seife völlig aufgelöst ist. Nun wird der Weingeist im Wasserbad abdestilliert, wo dann die Seife in liquider Form, von durchscheinender Beschaffenheit, wie Bernstein, zurückbleibt. Sie wird nun in die Form ausgegossen, nach dem Erstarren gestempelt, dann parfümiert und in Papier emballirt." Als Parfüms empfahl der Autor orientalisches Rosenöl, Orangenblüten- oder Neroliöl, Bergamott-, Lavendel-, Zimt- und Nelkenöl.

Um diese Zeit, die Mitte der zwanziger Jahre wurde mit der Einführung tropischer Pflanzenfette wie Kokosöl, Palmkern- und Palmöl wieder ein neues Kapitel in der Geschichte der Seife aufgeschlagen. Jetzt konnten ganz neue Seifen (Leimseifen) produziert werden. Der Offenbacher Seifenfabrikant Carl Naumann, der seine Firma 1843 gründete, fünf Jahre vor Martin Kappus, stellte die erste Kernseife aus gebleichtem Palmöl in Deutschland her. Hermbstädt: „Mit dem Namen französische, Marseiller, auch spanische, italienische oder venetianische Seife bezeichnet man eine feinere Art Seife, welche ... aus Baum- oder Olivenöl und ätzender Sodalauge zubereitet wird und daher auch unter dem Namen „Ölseife" bekannt ist."

Aber der Verkauf war gar nicht einfach: Die große Masse der Kunden, die von so exotischen Dingen wie transparenter Seife oder dem neuen Naumannschen Produkt noch nie etwas gehört hatten, trauten der Sache nicht. Man wollte keine Sodaseifen, auch keine Fabrikseifen, und man hielt Palmöl-Kernseifen für irgendwie falsch, weil sie nicht den üblen Geruch hatten, den man mit Seife verband.

Doch von nun an mußte sich die Kundschaft auf viele Neuerungen einstellen. Denn auf dem Seifensektor ging es jetzt im Sturmschritt voran: Bisher war harte Seife das gewesen, was wir heute unter Kernseife verstehen, doch jetzt entwickelte eine Hamburger Firma eine Halbkern-, die sogenannte Eschweger Seife. Kaum war diese Novität auf dem Markt, ging die Entwicklung weiter: Neue Fette und Öle wie Sesam- und Erdnußöl oder Baumwollsaatöl kamen ins Land, und die Seifensieder begannen sich für Harz als Kernseifen-Hilfsrohstoff zu interessieren. Es gab neue Raffinationsverfahren und die ersten Erfahrungen mit der Bleichtechnik. Neue Maschinen machten aus den alten Manufakturen moderne „Dampfseifenfabriken".

# $\mathcal{K}$APPUS-SEIFE: AUS DEM EDELSTAHLKESSEL IN DIE STRETCHVERPACKUNG

Wolfgang Kappus

Die technische Entwicklung bei der Grundseifenproduktion, die im 19. Jahrhundert zu vielen Neugründungen von Seifenfabriken führte, machte die vorher handwerklich und lokal, noch immer teils hausfraulich geprägte Seifensiederei schnell zu einem nationalen Industriezweig mit erheblichem Investitionsbedarf und intensivem Wettbewerb.

Bekanntheitsgrad, Produktprestige und nicht zuletzt der Preis, begannen neben dem technischen „Know-how" über Erfolg und Mißerfolg der jungen Unternehmen zu entscheiden. Bereits Martin Kappus und seine drei Söhne wußten, daß sie kostengünstig produzieren und für den Absatz ihrer Produkte intensiv sorgen mußten, wenn sie erfolgreich bleiben wollten. Die 1912 fertiggestellte, moderne Siederei war ein erster, wichtiger Schritt in diese Richtung.

Die Grundseifenproduktion entsprach nun den allerneuesten technischen und ökonomischen Erfordernissen. Die Firma Kappus war ihrer Zeit weit voraus und die Wettbewerber paßten sich im Laufe der Zeit der Situation an.

Noch heute bedienen sich qualitätsbewußte Seifenhersteller, darunter auch Kappus, der folgenden traditionellen Herstellungsmethode:

## DIE GRUNDSEIFENHERSTELLUNG

Damals wie heute werden in großen, offenen Edelstahlkesseln ca. 30 t eines Gemischs aus tierischen und pflanzlichen Fetten (meist Kokosöl und Rindertalg in Lebensmittelqualität) mit Natronlauge zu Reaktion gebracht.

Bei diesem Vorgang, der sogenannten Verseifung, wird in der Anfangsphase etwas Wasser und Natronlauge im Siedekessel vorgelegt, erwärmt und eine der Laugenmenge entsprechende Fettmenge unter leichtem Kochen hinzugefügt. Es bildet sich eine Emulsion, in der sich zunächst Fett und Lauge sehr langsam verbinden. Mit zunehmender Seifenbildung nimmt die Reaktionsgeschwindigkeit zu. Darauf wird die Hauptmenge des Fettes in konstantem Verhältnis mit Natronlauge unter Zugabe von Wasser verseift. Für eine optimale Verseifung ist es wichtig, einen gleichmäßigen Zulauf der einzelnen Komponenten zu gewährleisten. Anschließend wird der Seifenleim mit einem größeren Laugenüberschuß einige Zeit weitergekocht und danach der Ruhe überlassen, um eine vollständige Verseifung zu erzielen.

Im weiteren Verlauf erfolgt das Aussalzen. Durch Zugabe einer größeren Menge eines Elektrolyts (Kochsalz) flockt die Seife aus. Nach einer Ruhezeit entstehen zwei Schichten. Der Seifenkern bildet die obere Schicht, während die untere, wäßrige Schicht, die sogenannte Unterlauge, den größten Teil der Elektrolyten, das bei dem Verseifungsvorgang abgespaltene Glyzerin und eventuell vorhandene Verunreinigungen enthält. Die Unterlauge wird abgezogen und zur Glyzeringewinnung verwendet. Das Aussalzen kann nach vorangegangener Verleimung des Seifenkerns mit Wasssser mehrmals wiederholt werden, um die Glyzerinausbeute zu erhöhen und die Reinigungswirkung zu verstärken.

Die dritte und letzte Phase des Siedens der Grundseife ist die Verschleifung. Der Seifenkern wird mit Wasser verleimt (das Wasser wird in den kochenden Seifenkern eingeleitet) und durch Zusatz von Elektrolyt (Natronlauge und Kochsalz) leicht getrennt. Der Trennungsgrad wird so gewählt, daß sich der Seifenleim nach ca. 48 Stunden in drei Phasen absetzt:

Die erste Phase enthält die fertige Grundseife mit ca. 63 Prozent Fettsäure, die zweite Phase den wäßrigen Leimkern und die dritte Phase eine kleine Menge Unterlauge.

In der Praxis werden die zweite und dritte Phase nach dem Abpumpen der fertigen Grundseife ausgesalzen und bei der nächsten Verschleifung wieder mitverwendet. Der Frischfettansatz verringert sich dann um etwa sechs Tonnen.

Die aus dem Kessel kommende, warme, flüssige 63prozentige Seife wurde früher auf eine riesige, gekühlte Walze mit großer Oberfläche aufgebracht, erstarrte dort und wurde, wie beim Pilieren, als Seifenflocken oder -bänder abgekratzt. Diese Flocken wanderten anschließend auf Maschendrahtbändern durch voluminöse sogenannte Trockenschränke. Auf dem langen Weg durch den Trockenschrank wurde Luft durch die locker aufgeschichteten Seifenflocken geblasen und damit der Trocknungsvorgang beschleunigt.

Die Firma Kappus verfügte bis in die 50er Jahre in Offenbach über einen solchen Trockenschrank. Die Kappus-Tochter Puhl in Berlin arbeitete bis 1994 mit dieser Technik.

Um Platz, Zeit, Geld, Energie und Wasser zu sparen, werden heute technisch aufwendige Vakuum- oder Expansionstrockner verwendet. Die 63prozentige Seife aus dem Kessel wird in großen, beheizbaren Behältern zwischengelagert und dann in eine Vakuumkammer eingespritzt. Durch den dort herrschenden Unterdruck erfolgt die Verdampfung des Wassers schneller. Die dazu benötigte Energiemenge ist weit geringer als bei den alten Verfahren.

Die Brüden, die aus dem verdampften Wasser entstehen, werden abgekühlt und kondensiert. Die Masse verläßt den Trockner mit ca. 80 Prozent Seifen- oder Feststoffgehalt. Diese 80 Prozent Fettsäure oder Seifenanteil sind das Qualitätsmerkmal einer guten Toiletteseife. Man findet diese Angabe noch heute auf einem großen Teil der Toiletteseifen.

## DIE WEITERVERARBEITUNG ZUR TOILETTESEIFE

Nachdem die Seifentechnik der Wettbewerber sich einander angenähert hatte, ging es darum, die Weiterverarbeitung der Rohseife so zu organisieren, daß ein kostengünstiges und marktgängiges Produkt entstand. Das Differenzieren der Seife, der positive Unterschied zum Konkurrenten durch Preis und unverwechselbare Qualität, waren neue unternehmerische Herausforderungen. Nicht nur der

Verkauf, auch die Produktion mußte neu strukturiert werden. Dabei spielten von Anfang an Frauen eine wichtige Rolle.

Geschicklichkeit, Geschmack und ein „Händchen" für das, was der Markt suchte, waren bei ihnen ausgeprägter als bei den Männern. Die Frauen stellten nicht nur die größte Käuferschicht für die Seifen, sondern sie waren auch in produktionstechnischer Hinsicht sehr geschickte und innovative Arbeitskräfte.

Die vom weiblichen Geschmack geprägte Nachfrage hatte die aus Blöcken geschnittene rechteckige, unattraktive Kernseife in Haushalt und Küche verbannt. Phantasievolle, formenreiche, duftende Toiletteseifen eroberten die neu entstehenden Bäder. Idee, Parfüm, Farbe und Form waren es, die bei der Seife Aufmerksamkeit erregten. Zusammen mit einem interessanten Preis lösten sie dann den Kaufimpuls aus.

Um die Jahrhundertwende hatte die Seifenproduktion einen solchen Umfang angenommen und die Verpackung war so aufwendig geworden, daß es notwendig wurde, die einzelnen Arbeitsschritte zu trennen und mit Hilfe von langen Transportbändern zu koordinieren, um ein bezahlbares Produkt anbieten zu können. Kappus war eine der ersten Firmen, die auf dem Gebiet der Verpackung Bandarbeit einführte und damit den Grundstein für eine kontinuierliche Produktion legte.

Die Produkte liefen wie bei der Automobilproduktion auf Förderbändern durch die Halle. An jeder Station, die passiert werden mußte, fanden andere Produktionsschritte statt: Einwickeln, Banderolieren, Etikettieren, in vorher aufgestellte Kartons verpacken, Kartons verschließen, mit Schleife versehen. Durch diese genau

*Handpressung von Seifen am Band 1946.*

aufeinander abgestimmten Bänder vervielfachte sich die Arbeitsproduktivität, und die Seifenpreise sanken erheblich.

Besonders bei den handbemalten Seifen, einer Spezialität der Firma Kappus bis in die 50er Jahre dieses Jahrhunderts, wirkten sich die Förderbänder produktionsvereinfachend und damit kostensenkend aus.

Zwischen den Weltkriegen mauserten sich einige mittelständische Hersteller, darunter auch die Firma Kappus, zu hochtechnisierten Produktionsbetrieben. Alfons Kappus, der die Firma in dieser Zeit in dritter Generation führte, hatte großes seifentechnisches Wissen und ein Gespür für Rationalisierung und Produktentwicklung. Er investierte jeden Pfennig, der erwirtschaftet wurde, in die technische Ausstattung des Betriebs. Maschinen, Förderbänder und spezielle Betriebseinrichtungen übernahmen die Knochenarbeit. Die Seifennudeln wurden in großen Mischmaschinen mit Parfüm und Zusatzstoffen versehen und automatisch zur Homogenisierung den Pilierwalzen zugeführt. Die pilierte Seife wurde dann wiederum per Band in den Trichter einer Strang-

**149**

*Moderne vollautomatische Pilierstraße
zur Homogenisierung der Seife.*

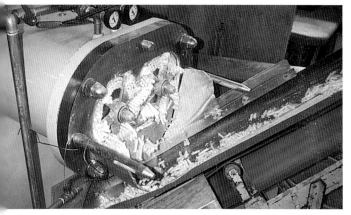

*Vakuumgetrocknete Grundseifennudeln
werden extrudiert und siliert.*

*Hochleistungsanlage zur materialsparenden
Stretchverpackung von Transparentseifen.*

presse befördert und dort wie in einem Fleisch-wolf zu einem Strang geformt, der aus dem Kopf des Extruders austrat und durch ein spezielles Mundblech bereits einen vorgeformten Querschnitt erhielt. Dieser Strang wurde zuerst im Hand- und Fußbetrieb, später automatisch, in gleichgroße Seifenrohlinge geschnitten und dann gepreßt.

Dabei formte man die geschnittenen Rohlinge auf sogenannten Schlag- oder Spindelpressen unter hohem Druck, der Abfall wurde erneut der Strangpresse zugeführt. Formgeber waren dabei aus Ober- und Unterteil bestehende, gravierte Messingseifenformen. Das Einlegen des Rohlings in die Form, das Auslösen des Preßvorgangs und das Herausnehmen des gepreßten Stückes aus der Form war die Arbeit von Frauen. Sie erfolgte per Hand. Die Pressen wurden über lange Wellen mit Hilfe von Transmissionsriemen durch große Elektromotoren angetrieben.

Bis Mitte der 60er Jahre standen bis zu vierzig solcher Handpressen, jeweils in Fünfergruppen in der Presserei der Firma Kappus. Ein gut eingespieltes Team von fünf Presserinnen und fünf Abnehmerinnen erreichte eine Leistung von 10.000 gepreßten Stücken pro Tag.

Die Zeiten änderten sich schnell. Viele Funktionen wurden von Maschinen übernommen. Heute werden die Rezepturen der über 400 verschiedenen Seifen, die Kappus herstellt, per Computer eingewogen und die Zutaten den Mischern automatisch zugeführt. Der Mischer kippt die Seife nach dem Mischvorgang in den Trichter einer Walze. Nach dem Pilieren wird die homogenisierte Seife in eine Vakuumdoppelstrangpresse gefördert, die dank des dort herrschenden Vakuums einen einwandfreien, luftfreien Seifenstrang extrudiert. Dieser wird nach dem Austritt aus der Strangpresse automatisch in Stücke geschnitten, durch einen Metalldedektor auf Einschlüsse untersucht und dann mit einer Leistung von 60 bis 120 Stück pro Minute automatisch gepreßt.

Das Einlegen in die und das Entnehmen aus der Form des Automaten erfolgt ohne menschliche Hilfe durch Vakuumsaugnäpfe. Ein Team von zwei Frauen fertigt auf diese Weise heute zwischen 30.000 und 50.000 Stück gepreßter Seife pro Schicht. Die gepreßten Seifen bleiben in der Regel vierundzwanzig Stunden stehen, um evtl. entstehende farbliche und qualitative Veränderungen beobachten zu können. Die Seife ist nun gebrauchsfertig. Sie muß nur noch verpackt und an den Mann bzw. die Frau gebracht werden.

Die Verpackung entwickelte sich neben dem Parfüm zu einem wichtigen Unterscheidungsmerkmal in einem durch starken Wettbewerb geprägten Markt. Die Aufmachung machte immer wieder modische Veränderungen durch, die nicht von der Seifentechnologie, sondern von Marketing und Produktmanagement bestimmt wurden. Die Firma Kappus erkannte dies frühzeitig und stellte die Weichen entsprechend. Mit einer auf den Markt abgestimmten Produktstrategie entwickelte sie eine unverwechselbare Identität für ihre Produkte. Der Slogan „Kappus, das Haus der außergewöhnlichen Seifen" unterstreicht die Zielprojektion.

Alfons Kappus, der Chemiker und Techniker zugleich war, hatte den Grundstein für eine bewegliche Betriebsstruktur gelegt, die in der Lage war, sich den schnell ändernden Anforderungen des Marktes anzupassen, ohne zu aufwendig zu sein.

Er hat die produkt- und produktionstechnischen Grundlagen geschaffen, auf denen die Expansion der Folgejahre aufbaute. Vieles wurde ausprobiert und wieder verworfen: Waschpulver, Kosmetika, Zahnpasten, Duftwässer, Auto- und Teppichshampoo wurden entwickelt und vieles erfolgreich vertrieben. Es zeigte sich aber nach dem zweiten Weltkrieg, daß ein mittelständisches Unternehmen solcherlei Vielfalt nicht zu finanzieren imstande war. Eine Konzentration der Kräfte wurde notwendig. So wurde die Firma Kappus zum Fachhersteller für Seifen aller Art. Kappus wurde ein Synonym für Seifenkompetenz, -qualität und Kreativität.

In einem traditionsreichen, etablierten und wettbewerbsintensiven Markt wie dem Seifenmarkt würde der „kleine Unterschied" über Erfolg und Mißerfolg entscheiden. Alfons Kappus, der dies wußte, wollte daher für seine Firma ein Produkt schaffen, das sie von anderen unterschied. Über viele Jahre entwickelte er mit viel Geduld die Technologie für die kostengünstige Herstellung einer transparenten Seife. Der innovative Effekt, der von diesem Produkt ausging, sowie die kosmetische Anmutung und die guten hautpflegenden Eigenschaften dieses neuen Seifentyps verschafften der Firma Kappus für fast zwei Jahrzehnte einen technischen und innovativen Vorsprung auf einem wichtigen Teilmarkt. Für die nächste Generation hieß es dann, Verpackung, Verpackungstechnik und Marketingstrategie auf diese Situation einzustellen. Die Investitionspolitik wurde daraufhin ausgelegt, den Maschinenpark so variabel zu gestalten, so daß man ihn auf alle Verpackungsvarianten und unterschiedliche Losgrößen zuschneiden konnte. Die Firma Kappus ist heute in der Lage, alle denkbaren Ver-

*Wolfgang Kappus*  *Evelyn Kappus*

packungsarten anzubieten: Papiereinschläge, Faltschachteln, Seidenpapier- und Folienplissierungen, Mehrfachzellophanpackungen, hautenge Stretchverpackungen, aufwendige Geschenkkartonagen. Die Aussage „Auf dem Seifensektor kann Kappus alles" ist sicher nicht übertrieben.

Vollautomatische Produktionslinien mit Tagesleistungen von über 50.000 Stück für die Millionenauflagen des Massenmarktes gehören seither zur Betriebsausstattung, wie Anlagen mittlerer Kapazität und Kleinanlagen für Spezialseifen mit Auflagen von wenigen tausend Stück.

Ein großes, seifentechnisches Entwicklungslabor und Einfallsreichtum in der Verpackungsentwicklung ermöglichen es der Firma Kappus, sich immer wieder auf neue Anforderungen des Marktes einzustellen.

Martin Kappus hat in einer Zeit des wirtschaftlichen und technischen Aufbruchs die Chance eines neuen Marktes erkannt und als Unternehmer die technischen und organisato-

rischen Voraussetzungen für eine Massenproduktion geschaffen. Die Nachfolgegeneration Adolf, Ludwig, Martin hat die Seifentechnologie verfeinert und produktivitätssteigernde Technologien bei der Weiterverarbeitung eingeführt. Alfons Kappus trieb die Produktentwicklung voran und baute das durch Bomben vollständig zerstörte Unternehmen zu einem modernen Produktionsbetrieb auf.

Evelyn und Wolfgang Kappus haben diese Grundlagen erweitert und durch eine gezielte Produktstrategie und ein innovatives Marketing die Position des Hauses Kappus auf dem nationalen und internationalen Markt ausgebaut und gefestigt.

In 150 Jahren wurde der Weg vom Handwerksbetrieb zu einem hochtechnisierten, modernen Produktionsbetrieb zurückgelegt. Statt körperlicher Arbeit steht heute die Maschinenüberwachung der fünfzehn vollautomatischen Produktionsstraßen im Vordergrund.

# ANHANG

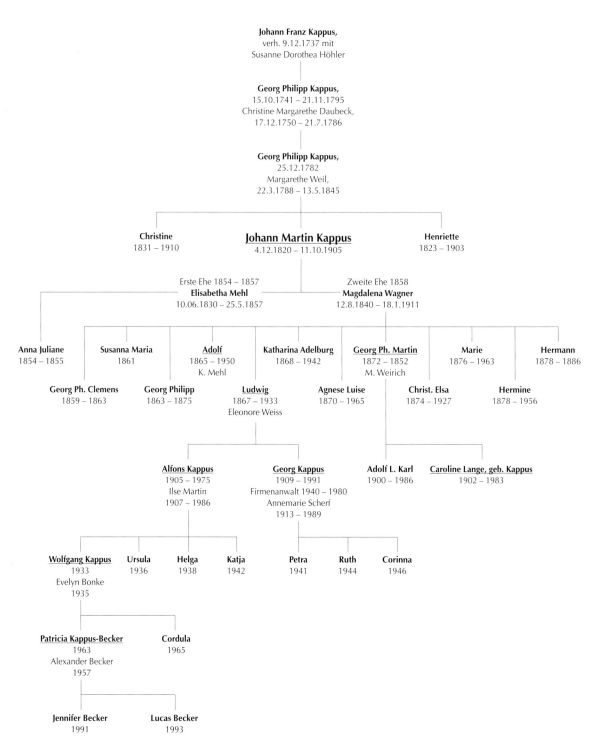

**Johann Franz Kappus,**
verh. 9.12.1737 mit
Susanne Dorothea Höhler

**Georg Philipp Kappus,**
15.10.1741 – 21.11.1795
Christine Margarethe Daubeck,
17.12.1750 – 21.7.1786

**Georg Philipp Kappus,**
25.12.1782
Margarethe Weil,
22.3.1788 – 13.5.1845

**Christine**
1831 – 1910

**Johann Martin Kappus**
4.12.1820 – 11.10.1905

**Henriette**
1823 – 1903

Erste Ehe 1854 – 1857
**Elisabetha Mehl**
10.06.1830 – 25.5.1857

Zweite Ehe 1858
**Magdalena Wagner**
12.8.1840 – 18.1.1911

**Anna Juliane**
1854 – 1855

**Susanna Maria**
1861

**Adolf**
1865 – 1950
K. Mehl

**Katharina Adelburg**
1868 – 1942

**Georg Ph. Martin**
1872 – 1852
M. Weirich

**Marie**
1876 – 1963

**Hermann**
1878 – 1886

**Georg Ph. Clemens**
1859 – 1863

**Georg Philipp**
1863 – 1875

**Ludwig**
1867 – 1933
Eleonore Weiss

**Agnese Luise**
1870 – 1965

**Christ. Elsa**
1874 – 1927

**Hermine**
1878 – 1956

**Alfons Kappus**
1905 – 1975
Ilse Martin
1907 – 1986

**Georg Kappus**
1909 – 1991
Firmenanwalt 1940 – 1980
Annemarie Scherf
1913 – 1989

**Adolf L. Karl**
1900 – 1986

**Caroline Lange, geb. Kappus**
1902 – 1983

**Wolfgang Kappus**
1933
Evelyn Bonke
1935

**Ursula**
1936

**Helga**
1938

**Katja**
1942

**Petra**
1941

**Ruth**
1944

**Corinna**
1946

**Patricia Kappus-Becker**
1963
Alexander Becker
1957

**Cordula**
1965

**Jennifer Becker**
1991

**Lucas Becker**
1993

Namen der Mitglieder der Geschäftsleitung sind unterstrichen.

# ANHANG

## GESELLSCHAFTER DER FIRMA KAPPUS

**1848:** als Einzelfirma von Martin Kappus gegründet. Er bleibt bis zum 31.12.1900 alleiniger Inhaber.

**1.1.1901:** Martin Kappus übergibt das Geschäft nebst Liegenschaften in Geleits- und Luisenstraße auf gemeinschaftliche Rechnung an die Söhne Adolf, Ludwig und Georg Philipp Martin sen..

**31.12.1930:** Die Verhältnisse unter den drei Partnern werden durch einen Gesellschaftsvertrag endgültig geregelt.

**1933:** Ludwig Kappus scheidet durch Tod aus.

**1933:** Alfons Kappus tritt in die Gesellschaft ein.

**1933:** Adolf, Martin Kappus sen. und Alfons Kappus werden voll haftende Gesellschafter. Eleonore, die Witwe von Ludwig Kappus, und Georg Kappus treten als Kommanditisten ein.

**1.1.1935:** Martin Kappus jun. tritt in die Gesellschaft ein.

**31.12.1939:** Alfons Kappus kündigt den Gesellschaftvertrag.

**31.12.1943:** Martin Kappus sen. und Alfons Kappus werden alleinige Gesellschafter der Firma Kappus, der Firma Rieger und der Kappus-Fettindustrie in Okriftel.

**31.12.1944:** Martin Kappus sen. und Alfons Kappus schließen einen neuen Gesellschaftsvertrag, der bestimmt, daß die Erben nur noch Kommandististen werden können.

**9.3.1951:** Carola Lange, die Tochter von Martin Kappus sen., tritt als Kommandititistin ein.

**25.7.1952:** Martin sen. stirbt. Seine Ehefrau Minna wird Kommandititistin, Carola Lange erhält Prokura.

**1959:** Minna Kappus scheidet durch Tod aus. Erben sind die Kinder Carola Lange und Professor Adolf Kappus.

**1959:** Prof. Adolf Kappus scheidet durch Vereinbarung aus.

**30.3.1961:** Grundsätzliche Neufassung des Gesellschaftsvertrags. Alfons Kappus wird Komplementär, Carola Lange Kommandititistin.

**29.4.1964:** Wolfgang Kappus tritt als Kommanditist ein.

**15.1.1972:** Helga Feller, Katja Schmoll und Ursula Wiederhold, die Schwestern, werden Kommanditistinnen.

**1.2.1975:** Alfons Kappus stirbt.

**6.5.1975:** Wolfgang Kappus wird persönlich haftender Gesellschafter. Kommanditistinnen werden Ilse Kappus, Helga Feller, Katja Schmoll und Ursula Wiederhold. Evelyn Kappus tritt als Treuhänderin für die Töchter Patricia und Cordula ein.

**19.2.1979:** Carola Lange und Wolfgang Kappus als Gesellschafter gründen die Kappus Seifen GmbH.

**1984:** Carola Lange stirbt und scheidet aus. Ilse Kappus stirbt und scheidet aus.

**1993:** Patricia Kappus-Becker wird Prokuristin.

**1997:** Patricia Kappus-Becker wird gleichberechtigte Geschäftsführerin der Kappus Seifen GmbH.

**1.12.1997:** Helga Feller, Katja Schmoll und Ursula Wiederhold scheiden durch Vereinbarung als Kommanditistinnen aus. Patricia Kappus-Becker und Cordula Kappus werden Kommandititistinnen.

# QUELLENVERZEICHNIS

**Primärquellen:**

Amtsgericht Offenbach, Firmenregister vom 7. März 1863: Eintragung vom 1. Januar 1853, Inhaber der Firma: M. Kappus, Parfümfabrik, S. 27, 1863

Amtsgericht Offenbach, Firmenregister v. 7. Aug. 1893, Inhaber der Firma: Martin Kappus, Adolf Kappus, Ludwig Kappus, S. 27, 1893

Amtsgericht Offenbach, Firmenregister: 24. Jan. 1904, Inhaber der Firma: Adolf Kappus, Ludwig Kappus, Georg Kappus, Seifenfabrik, Nummer der Firma 285, 1894

Amtsgericht Offenbach, Firmenregister: 10. Jan. 1933, Inhaber der Firma: Alfons Kappus, Seifenfabrik, Nummer der Firma 285, 1933

Anonym: Stammbaum der Familie Kappus von 1737 – 1905

Anonym: Stammbaum der Familie Kappus von 1782 – 1986

Anonym: Intelligenz- Blatt, Freitag, 9. Juni 1848, S.1, Stadtarchiv Offenbach a.M., Mappen Nr. 622/19, 1848

Anonym. Menükarte von 1883, Stadtarchiv Offenbach P88/10

Bauaufsichtsamt Offenbach, Hausakten des Grundstücks Luisenstraße 14, 1856

Brandkataster über die Gebäude in der Gemeinde Offenbach, Orts-Exemplar, III. Band, bis 1897

Brandregister Offenbach Nr. 23: Kappus, Marktstraße 12, Hessisches Landesarchiv Darmstadt, 1823-1833, S.7, Zeit der Versicherung 1827

Brandregister Offenbach Nr. 24: M.Kappus, Louisenstraße, Hessisches Landesarchiv Darmstadt, 1856

Einwohnerregister Offenbach ca. 1830-1850, Bezeichnung der Einwohner (Namen, Stand od. Gewerbe) und der Wohnungen, Kappus Martin Q 23 1/10 (Q = Louisenstraße), ca. 1850

Gemeinderatsprotokoll der Stadt Offenbach vom 28 Mai 1861, S.532 aus Magistratsprotokolle v. 25. Okt.1860 bis 26. Mai 1865, Stadtarchiv Offenbach, Nr. 464/7, Abt. 15/2/7

ibd.: Gemeinderatsprotokoll vom 13. Febr. 1862, S.118-126

Großherzoglich Hessisches Regierungsblatt, Nr. 29, Darmstadt 9.7.1821, S.355 bis 365

Großherzoglich Hessisches Regierungsblatt, Nr. 30, Darmstadt 16.6.1874, S.299 bis 313

Grundsteuer – Quittung an Martin Kappus vom Großherzoglichen Steuercommisariat, 1856

Hessisches Hauptstaatsarchiv Wiesbaden, Kappus-Akten von 1947 bis 1953, Demontage-Maßnahmen, Abt. 507 Nr.9022, 9109-9113, 9160, 9203- 9205, 9205, 9318.

H H StA, Wiesbaden, Akte Vg 3105-74, Vermögenskontrolle, Kappus-Fettindustrie 1947- 51; Goldschmidt 1938- 1954

Hessisches Staatsministerium. Der Minister für Wiederaufbau und politische Befreiung. Spruchkammer Offenbach am Main: Verfahren gegen Kappus, Alfons, 25.4.1946 bis 26.3.1947. Aktenzeichen 6876/46

Hochzeitszeitung Ruggel Kappus & Friedel Saucel v. 23.7.1921, Stadtarchiv OF, P 456, S. 1-10

IHK Offenbach, Mappe Entnazifizierung/Leitende Personen,1945, Alfons Kappus

Institut für Stadtgeschichte, Frankfurt am Main,
Akten des Stadt- und Amtsgerichts,
Dalton, Lawrence: Testament
Mappen D XXIX; 16/ Nr. 6139,1841 und Mappen Nr. 60/1852

Jahresberichte des Großherzoglichen (Leibniz-) Gymnasiums 1903 bis1905 sowie 1908 bis 1913 und 1919/20

Kappus, L.: Personalbogen zur Chronik der Stadt Offenbach am Main, Kappus Ludwig, Stadtarchiv Offenbach a.M., Mappen Nr. 622/14, 1934 (?)

Kappus. M.: Schreiben v. 1.1.1904

Kappus, Dr. W.: 140 Jahre Firma Kappus, Festrede am 23.7.1988, Stadtarchiv Offenbach a.M., Mappen Nr. 622/54, 1988

Kappus, Dr. W.: Informationen über Alfons Kappus, Notiz vom 20.5.1997

Kappus, Dr. W.: Informationen über Wolfgang Kappus, Notiz vom 23.6.1997

Kirchenbuch Frei-religiöse Gemeinde, Bd. 55, S. 17, 1845

Kirchenbuch Frei-religiöse Gemeinde, S. 94, 1854

Kirchenbuch Frei-religiöse Gemeinde, S. 128, 1858

Library of Congress Catalog, Books Cataloged since 1898, Schulz, Fritz Otto Hermann, Jude und Arbeiter, LCCN Number 35-30693

Library of Congress Catalog, Books Cataloged since 1898, Müller, Hermann, Die November-Revolution, LCCN Number 29-11374

Protokollbuch des Arbeiter- und Soldatenrates, 18.11.-28.12.1918 Stadtarchiv Offenbach

Hermann Schoppe, Erinnerungen von Joseph Schoppe, Offenbach, 7.1.1998

Stadtarchiv Darmstadt, biographisches Material B.M. 6, pol. Meldebogen: Neumann, Hermann, 1926, S. 166

Stadtverordnetenversammlung , Offenbach am Main von 1869 bis 1873, Stadtarchiv, Akte Nr. 466, Abt 15/2-7/Nr. 9, Sitzung vom 4. Aug. 1870, S.131

Stadtverordnetenversammlung , Offenbach am Main von 1904 bis 1922,
Sitzung vom 28. Apr. 1904, S. 45,
Sitzung vom 20. Juli 1906, S. 281,
Sitzung vom 18. Februar 1907, S. 344
Sitzung vom 24. November 1909, S. 349
Sitzung vom 30. Sept. 1915, S. 243,
Sitzung vom 19. Apr. 1917, S. 385,
Sitzung vom 10. Mai 1917, S. 387,
Sitzung vom 27. Apr. 1922, S. 482-483,

Urkunde: Die Stadt Offenbach a.M. hat Herrn Joh. Martin Kappus ..... zu ihrem Ehrenbürger ernannt, 28. Oct. 1888

Urkunde: Ehrenzeichen für Mitglieder der Freiwilligen Feuerwehren an Martin Kappus, Großherzogliches Ministerium des Inneren und der Justiz, 6. September 1884

Urkunde: Fünfundzwanzigstes Stiftungsfest des hiesigen Turnvereins, gewidmet dem Turner Martin Kappus, Offenbach a/M., 16. August 1868

Urkunde: Offenbacher Bürgerrecht für den Wagner Philipp Kappus samt Ehefrau und Familie. Bürgermeister Peter Georg d'Orville, 1. November 1825

Urkunde: Volksstaat Hessen, Bürgermeister Ernennungs-Urkunde an Ludwig Kappus, Offenbach a/M., 27. April 1932

Presseinformation Kappus, 2.2.1998

**Presse:**

Vaterländischer Verein, Wahlen, Mappen Nr. 622/19, Offenbacher Intelligenzblatt, S.1, Freitag den 9. Juni 1848, Stadtarchiv Offenbach a.M.

Protokoll des Vaterländischen Vereins vom 13. Juni 1848, Intelligenzblatt, S. 187, 16.6.1848 , Stadtarchiv Offenbach,

Aufforderung, Turnverein, Offenbacher Intelligenzblatt, S. 245, 4.8.1848.

General-Versammlung des Turnvereins, Offenbacher Intelligenzblatt, S. 7, 5.1.1849

Geburtsverzeichnis, Anna Juliane Kappus (Geb. 1. Sept.), Offenbacher Intelligenzblatt, 14.12.1855

Sterbeverzeichnis, Anna Juliane Kappus, Offenbacher Intelligenzblatt, 20.12.1855

Regulativ, Großherzogliches Kreisamt Offenbach vom 5. Mai1856, Offenbacher Intelligenzblatt, 9.11.1856

Sterbeverzeichnis, Elisabetha Kappus (Gest. 27.Mai), Offenbacher Intelligenzblatt, 1.6.1857

Hochzeit M. Kappus und M. Wagner, Offenbacher Intelligenzblatt, 8.9.1858,

Anzeige 3219, M.Kappus, Offenbacher Intelligenzblatt, 28.11.1858,

Anzeige 415 (Vermietung), M. Kappus, Offenbacher Intelligenzblatt,19.2.1862

Offenbacher Intelligenzblatt, Nr. 62, S. 1, 14.3.1863

Todesanzeige, G.P. Kappus, Offenbacher Intelligenzblatt, 29.3.1870,

Sitzung des Gemeinderaths vom 23. März 1870, Offenbacher Intelligenzblatt, 31.3.1870

Sitzung des Gemeinderaths vom 13. Apr. 1870, Offenbacher Intelligenzblatt, 4.5.1870

Sitzung des Gemeinderaths vom 27. Apr. 1870, Offenbacher Intelligenzblatt, 10.5.1870

Sitzung des Gemeinderaths vom 25. Mai 1870, Offenbacher Intelligenzblatt, 4.6.1870

Turnverein Haupt-Versammlung / Turner-Sanitäts-Corps, Offenbacher Intelligenzblatt, 19.7.1870,

Sitzung des Gemeinderaths vom 17. Juli 1870, Offenbacher Intelligenzblatt, 19.7.1870

Aufruf, Offenbacher Intelligenzblatt, 20.7.1870

Aufruf (6890), Offenbacher Intelligenzblatt, 19.8.1870,

Sitzung des Gemeinderaths vom 15. Sept. 1870, Offenbacher Intelligenzblatt, 27.9.1870

Offenbacher Turnersanitätscorps, Offenbacher Intelligenzblatt, 19.1.1871

Feuerwehr Friedens-Feier, Offenbacher Intelligenzblatt, 28.2.1871

Bekanntmachung vom 8. 3.1871, Offenbacher Intelligenzblatt, 10. 3.1871

Versammlung Feuerwehr, Offenbacher Zeitung, 20.2.1874

Statistische Angaben, Offenbacher Zeitung, 20.2.1874

Turnverein, Offenbacher Zeitung, 24.1.1898

1848, Offenbacher Zeitung, 12.2.1898

1848, Offenbacher Zeitung, 4.3.1898

1848, Festessen, Offenbacher Zeitung, 26.2.1898

Geburtsanzeige, 1. Sohn von L. Kappus, ( = Alfons), Offenbacher Zeitung, 25.4.1904

Gymnasiumsbau, (Nichtöffentliche Sitzung der Stadtverordnetenversammlung), Offenbacher Zeitung, 28.4.1904

Firma M. Kappus führt regelmäßigen Urlaub ein, Offenbacher Zeitung, 6.7.1904

Johann Martin Kappus, Offenbacher Zeitung, 11.10.1905

Nachruf M. Kappus der Firmen M. Kappus und Wilh. Rieger, Offenbacher Zeitung, 12.10.1905

Nachruf M.Kappus, Offenbacher Zeitung, 14.10.1905

Die Milch- und Fettfrage in Hessen, Offenbacher Zeitung, 16.10.1918

Zur Fettfrage in Hessen, Offenbacher Zeitung, 17.10.1918

An die Bevölkerung von Offenbach, Offenbacher Zeitung, 12.11.1918

Ruhr, R.: Offenbacher Lebensbilder, Johann Martin Kappus, Offenbacher Zeitung, 24. 2.1923, Stadtarchiv Offenbach, M 153/10,

„Ein Sechzigjähriger", Undine-Zeitung vom 1.3.1925, Stadtarchiv Offenbach, M 622/a -1

Sozialistische Kulturwoche Offenbach, 24. September 1927, Stadtarchiv OF 0376/4

Georg Kaul: Wie in Hessen die Revolution verlief, Offenbacher Abendblatt Nr. 263, 8.11.1928

Der Offenbacher Karfreitagsputsch, Offenbacher Abendblatt, 18., 19. und 30.4.1929

Beigeordneter Kappus jetzt Bürgermeister, Offenbacher Zeitung, 27.4.1932

Bürgermeister Ludwig Kappus gestorben, Offenbacher Zeitung, 16.2.1933

Ludwig Kappus' letzte Fahrt, Offenbacher Zeitung , 18.2.1933

„Ein Siebzigjähriger", Offenbacher Zeitung, 3.3.1935

Ein Doppeljubiläum: Zwei Goldene, Stadtarchiv Offenbach, M 622 a/3, 1936

Martin Kappus gründete 1848 eine Seifenfabrik, Offenbacher Nachrichten, 10. Okt. 1939

RIF-Waggonladungen ab Offenbach, Offenbacher Zeitung, 25.7.1941

FP: Kappus, Stöhr, Lavis auf der Liste, Offenbach Post, 17. Okt. 1947, Stadtarchiv Offenbach, Mappen Nr. 622/29

1-2-4 und 1-2-3 wieder obenauf, Offenbach-Post, 17.6.1948

Btz.: Allen Gewalten zum Trotz, Offenbach Post, 19.6.1948

OB.: 60 Jahre bei Kappus, Offenbach Post, 8. 10.1949, Stadtarchiv 922/16

Kn.: Adolf Kappus ist verschieden, Offenbach Post 16.2.1950

100 Jahre Feinseifenfabrik Martin Kappus, Offenbach-Post, 17.6.1948, Stadtarchiv OF M 622/2

Nachruf Martin Kappus, Offenbach Post, 5.2.1952

Die Luisenstraße als Stammheimat, Frankfurter Allgemeine, 15.10.1968

W.B.: Wolfgang Kappus auf einer internationalen Plattform, Vizepräsident der Internationalen Juniorenkammer, Offenbach Post, 12. Dez. 1970, Stadtarchiv Offenbach, Mappen Nr. 622/25

Einen vorderen Platz gehalten, FNP. 3.6.1973

Zwei alte Offenbacher Seifenfabriken streben enge Kooperation an, M. Kappus und C. Naumann produzieren gemeinsam, Offenbach Post, Dez.1974

Verdienstorden für Joseph Schoppe, Offenbach Post, 4.5.1976

Todesanzeige Carola Lange, Offenbach Post, 18.2.1983

So war das vor fünfzig Jahren, Offenbach Post, 2.3.1984

Vorreiter für Einführung der 48-Stunden-Woche, Offenbach Post, 12/13.9,1987

Feinseifenfabrik Kappus investiert in die Umwelt, Offenbach Post, 19.2.1988

ilo.: Lobende Worte und 7.000 Mark für Archiv, Offenbach Post, 17/18.12,1988

Ohem, K.: Die Seife ist zu einem Modeartikel geworden, FAZ, S. 17, 13.Januar 1989

Scholz, S.: Kappus seift die Russen ein..., FR, 25.1.1990

lz.: Immer ein Stück Seife an Bord, FR, 8.9.1990

Dr. Wolfgang Kappus, Offenbach Post, 30.10.1990

Die Marketing Devise..., Frankfurter Rundschau, 5.7.1991

Innenstadt bleibt wichtiger Standort, Offenbach Post, 5.7.1991

Dr. W. Kappus, Einsicht und neue Gesichter, Offenbach Post, 8.6.1991

Dr. W. Kappus, Wir bleiben in der Stadt, Offenbacher Wirtschaft, 8.91

Dr. W. Kappus, Treten Sie zurück, Herr Reuter, Offenbach Post, 31.8.1991

Etwas für die Offenbacher tun, Offenbach Post, 18.8.1993

ajw: „Im Amt stärkere politische Akzente setzen", Wolfgang Kappus zum IHK-Präsidenten gewählt, FAZ, S. 51, 28. April.1994

Morgenröte, Zeitschrift für Frei-religiöse Gemeinden: 150 Jahre Frei-religiöse Gemeinde Offenbach, Rückblick Teil 1, 77. Jahrgang, Nr.2, Juni/1995

Morgenröte, 79. Jahrgang, Nr. 4, Dez. 1997

### Literatur:

Offenbacher Adreßbuch, 1863

Offenbacher Adreßbuch: Seifenfabriken und Parfümerie- und Toilette-Seifenfabriken, 1865

Adressbuch der Stadt Offenbach und Umgegend, Druck und Verlag Seyboldsche Buchdruckerei, S. 193, 1901

Adressbuch der Stadt Offenbach und Umgegend, Druck und Verlag Seyboldsche Buchdruckerei, S. 49, 1905

Adreßbuch OF 1949, Seite 101

Anonym: 100 Jahre M. Kappus, Stadtarchiv Offenbach a.M., Mappen Nr. 622/5, 1948

Anonym: Johann Martin Kappus, Stadtarchiv Offenbach a.M., Mappen Nr. 622/9, 1905

Anonym: Seifenfabrik C. Naumann Offenbach/Main, Stadtarchiv Offenbach a.M., Mappen Nr. 685/4, 1943

Bösch, H: Politische Parteien und Gruppen in Offenbach am Main, Hrsg. Offenbacher Geschichtsverein, Offenbacher Geschichtsblätter, S. 12, 24-26, 1973

Dalton, H.: Lebenserinnerungen aus der Jugendzeit 1833 – 58, Verlag von Martin Marned Berlin, 1906

Diefenbach, A.: Die Geschichte des Turnvereins Offenbach 1842-1964, Offenbach, 1964

Frese, M.: Betriebspolitik im 3. Reich, Ferdinand Schöningh, Paderborn 1991, S. 74, 333, 349

Germann, Max: Geschichte der freireligiösen Gemeinde in Offenbach am Main. Offenbacher Geschichtsblätter Nr. 18, Offenbach a.M., 1964

Haas, G., Simon F.: Die Denazifizierung, Gesetz und Verfahren, Adolf Rausch Verlag, Heidelberg 1946

Hermbstädt, Sigismund: „Chemische Grundsätze der Kunst, harte und weiche Seifen zu fabricieren oder Anleitung der Kunst, Seife zu sieden etc. .." Berlin und Stettin 1808 und 1824. SS 20, 21, 185, 286

Knapp, B.: „Die Ehrenbürger der Stadt Offenbach am Main", Alt-Offenbach, Heft 10/11, August 1984

Kropat, W. A., Hessen in der Stunde Null, Selbstverlag der Historischen Kommission für Nassau, Wiesbaden 1979

Kunz, H. e.a.: Vom Kaiserreich zur Republik 1918/19, eine Abhandlung über die Revolutionsereignisse in Offenbach, Stadtarchiv Offenbach L II/66, 29.11.1975

Kurt, A.: Offenbacher Regesten, Fakten, Daten, Texte, Bilder zur Geschichte Offenbach a. M. 977 – 1900, Offenbacher Geschichtsblätter Nr. 36, Hrsg. Offenbacher Geschichtsverein, 1987

Kurt, A.: Wahlen und Wähler im Wahlkreis Offenbach am Main, Hrsg. Offenbacher Geschichtsverein, Offenbacher Geschichtsblätter, S. 53, 1966

Leis, K. e. a.: Leistungskampf der deutschen Betriebe, 1937

Mann, G.: Politische Entwicklung Europas und Amerikas 1815-1871, Berlin, 1966

Müller-Franken, H.: Die November-Revolution, Der Bücherkreis GmbH, Berlin 1928, S. 16

Müller, R.: Die industrielle Entwicklung Offenbachs, Kress & Wolters, Offenbach a.M., 1932, S. 81 – 84

Naumann, J.: Die Technische Entwicklung der Seifen-Industrie in Offenbach am Main, C. Naumanns Druckerei, Frankfurt am Main, 1879

Pirazzi, E.: Bilder und Geschichten aus Offenbachs Vergangenheit, Eine Festgabe zur Hessischen Landes-Gewerbe-Ausstellung, Selbstverlag des Verfassers, 1879, S. 53, S. 159-176

Ponge, Francis, Die Seife, Suhrkamp, 1993, S. 22

Reimers, D. e.a.: Isenburg-Ysenburg, die heute noch blühenden Linien, Stadtarchiv Offenbach, Zg. 64/1965, S. 71

Ruppel, H.-G., Schlander, O.: Offenbacher Regesten, Fakten, Daten, Texte, Bilder zur Geschichte Offenbach a. M. 1901 – 1989, Offenbacher Geschichtsblätter Nr. 37, Hrsg. Offenbacher Geschichtsverein, 1990

Sahm, A.: „Die 1848er Revolution und ihre Bedeutung für die Konstitution liberaler Parteien in Offenbach", Liberales Kolleg Offenbach (Hrsg)1989, S. 26-29 u.a.,

Sander, Otto: Deutschlands Städtebau, Offenbach am Main, Deutscher Architektur- und Industrieverlag, Berlin, 1926, S. 96-99

Schlander, O. Rex : „Aufbruch zu Freiheit und Demokratie- Die 48er Bewegung in Offenbach", Offenbacher Geschichtsblätter Nr. 35. Offenbach, 1986

Schlander, O. Rex : Zwischen Monarchie und Diktatur, Offenbach1918-1933, Offenbacher Geschichtsblätter Nr. 38. Offenbach 1992

Schlossmacher, J.: Die Entwicklung und Bedeutung Offenbachs als Industriestadt, Offenbach, 19..

Schulz, F. O. H.: Jude und Arbeiter, Ein Abschnitt aus der Tragödie des deutschen Volkes, Nibelungenverlag Berlin-Leipzig, 1934, S. 116

Schulz, F. O. H.: Jude und Arbeiter etc. 3. Auflage, ibd., 1944, S. 116

Stahl, C.: Geschichte der Freiwilligen Feuerwehr Offenbach a.M. 1845-1895, Festschrift zur Feier des 50 jährigen Bestehens am 3. 4. und 5 August 1895, Commissions Verlag der Steinmetz'schen Hofbuchhandlung, Offenbach a.M., 1895, S. 36-37, 62-65, 80

Stahl, C.: Geschichte des Turnvereins Offenbach a.M. 1843-1893, Festschrift zur Feier des 50 jährigen Bestehens, Sorgers Druckerei Offenbach a.M., 1893, S.4 u.a.

Unser Altbau Leibniz-Schule-Offenbach, Bintz-Verlag, Offenbach, 1996

Walter, G. (Hrsg.): Geschäfts-Adressen in Offenbach, Seifen- und Lichtefabriken, 1846

Wingenfeld, J.: Offenbach am Main, Straßen und Plätze, Bintz-Verlag, S.4, 56, 97, 1979

### Stadtpläne:

Straßenkarte der Stadt Offenbach von 1853, Stadtarchiv Offenbach/M., Karte Nr. 11/2

Karte über die bestehenden & projektierten Strassen vom Bauquartier der Stadt Offenbach von 1855, einschl. der Änderungen von1857, Stadtarchiv Offenbach/M., Karte Nr. 11/1

Straßenkarte von 1885, Stadtarchiv Offenbach/M., Karte Nr. 15/9

Plan der Stadt Offenbach a/M., 1901, Stadtarchiv Offenbach/M., Karte Nr. 19/1

Plan der Stadt Offenbach a/M., 1902, Stadtarchiv Offenbach/M., Karte Nr. 19/4

### Bau- und Situationspläne (nicht vollständig aufgeführt):

Bauplan mit Baugenehmigung zu einem Wohnhaus für Martin Kappus zu Offenbach, in der Luisenstraße 42 , vom 30 Juni 1856

Situationsplan dito

Bauplan mit Baugenehmigung zu einem Fabrikgebäude für Martin Kappus zu Offenbach, Luisenstraße 42

von 11.Juli1856

Situationsplan dito

Bauplan mit Baugenehmigung zur Erweiterung des Fabrikgebäude vom April 1860
dito 8.August 1862
dito 2.April 1863
dito 8.Mai 1863

Bauplan mit Baugenehmigung zu einem neuem Fabrikgebäude für Martin Kappus zu Offenbach, Luisenstraße 42
vom 31.März 1866
Situationsplan dito

Bauplan mit Baugenehmigung zur Erweiterung des Fabrikgebäude von 18.9.1869

Bauplan zu einem neuen Fabrikgebäude für Martin Kappus zu Offenbach, Luisenstraße 42 vom 26.November 1886

Plan für die neue Fassade des Wohnhauses in der Luisenstraße 42

Situationsplan Fabrik M. Kappus, Luisenstraße 42 vom 22. Oktober 1889
dito 11.April 1891

Bauplan zur Erweiterung des Fabrikgebäudes in der Luisenstraße 42 von 26.Juli 1889

Plan zum Bau eines Kesselhauses für Herrn M. Kappus. Hier. Luisenstraße 42, 20.Oktober 1891

Bauplan und Situationsplan zur Erweiterung des Fabrikgebäudes in der Luisenstraße 42 von 24. Juni 1893

Situationsplan 24.9.1893

Lage-Plan zum Baugesuch von Herrn Johann Martin Kappus. Gem. Offenbach, in: Luisenstraße 42, Oktober 1902

Lageplan der Hofreite der Firma M. Kappus, Luisenstraße 42, Offenbach Juli 1905

Lageplan zum Baugesuch Firma M. Kappus zu Offenbach, Luisenstraße 42/ Geleitstraße 73, August 1905

Stallungen bei Herrn M. Kappus, Offenbach Februar 1906

Kesselanlage für Herrn M. Kappus, Luisenstraße 42, 6. März 1907

Lageplan M. Kappus März 1907

Bauplan zur Erweiterung des Fabrikgebäudes vom August 1907, Offenbach, in: Luisenstraße 42, 46, 52

Lageplan M. Kappus Aug. 1907

Treibhaus für Herrn Adolf Kappus im Garten der Fabrikliegenschaft Luisenstraße 42, genehmigt 11.Okt.1910 Baupolizei Offenbach

Lageplan zum Baugesuch (Treibhaus) der Firma M. Kappus, Offenbach 20.12.1910

Treibhaus für Herrn Adolf Kappus im Garten der Fabrikliegenschaft Luisenstraße 42, Nutzungsgenehmigung Offenbach 30. 12. 1910

Plan zum Hintergebäude der Firma M. Kappus, Luisenstraße 42,46,52, Offenbach, 16.9.1911,

Fabrikbauplan von Februar 1912

Lageplan zum Baugesuch – Siederei – der Firma M. Kappus Gem. Offenbach, in Luisenstraße 42, 46, 52, Gefertigt zu Offenbach den 15. März 1912 vom Großh. Katastergeometer

Wohnhaus für Herrn M.Kappus, Luisenstraße 52, Offenbach, Sept. 1916,

Umbauten, Wohnhaus Luisenstraße 52, von 21.8.1919 und 22.12.1920

Toiletteseifenfabrik, M.Kappus, Luisenstraße 42, Büroeinbau im rechten Seitenflügel, April 1921

Lageplan zum Baugesuch Firma M. Kappus zu Offenbach, Luisenstraße 52/Geleitstraße 71, 73, Bürgermeisterei, 5. März 1935

Errichtung eines Abortbaus (Duschen) für Firma M. Kappus in Offenbach a.M., Luisenstraße 42 mit Lageplan, August 1937

Wiederaufbau des Fabrikgebäudes Baugesuch Firma M. Kappus Luisenstraße 42 in Offenbach a.M, zum Baubescheid des Oberbürgermeisters (Baupolizei) der Stadt Offenbach, 25. Juli 1945

Lageplan zum Baugesuch Firma M. Kappus zu Offenbach a.M, zum Baubescheid des Oberbürgermeisters (Baupolizei) der Stadt Offenbach, 11. Nov. 1945

Lageplan zum Baugesuch Firma M. Kappus zu Offenbach a.M, Katasteramt Stadt, 26. September 1946

Lageplan zum Baugesuch Firma M. Kappus zu Offenbach a.M, Katasteramt Stadt, 20. Dez. 1946

Lageplan, Wiederaufbau Haus Luisenstraße 52 zu einem Büro + Wohnhaus, der Firma M. Kappus Offenbach/Main, 27. Febr. 1947

Wiederaufbau Haus Luisenstraße 52 zu einem Büro + Wohnhaus, der Firma M. Kappus Offenbach/Main, zum Baubescheid des Oberbürgermeisters (Baupolizei) der Stadt Offenbach, 29. März 1947

Lageplan zum Baugesuch Firma M. Kappus zu Offenbach a.M., Kesselhaus, TÜV 16. 1. 1950 Gepr. Städt. Bauaufsichtsamt, 27.2.1950

Lageplan zum Baugesuch Firma M. Kappus zu Offenbach a.M, Luisenstraße 42, 44, 46, 48, 52, Städt. Bauaufsichtsamt, Offenbach 22.9.1953

Bauplan Firma M. Kappus zu Offenbach a.M, Luisenstraße 42 – 44, Städt. Bauaufsichtsamt, Offenbach 6.8.1954

Lageplan zum Baugesuch M. Kappus Offenbach a.M, Feinseifen-u. Parfümerie-Fabrik, 23.8.1962

Lageplan zum Baugesuch M. Kappus Offenbach a.M, Städt. Vermessungsamt, 24. Januar 1966

Auszug aus dem Kartenwerk der Stadt Offenbach a.M, Feinseifen-u. Parfümerie-Fabrik M. Kappus, Luisenstraße 42, 44, 46, 48, 52, Flur Nr. 64/5, Städt. Berufsfeuerwehr 17.10.72, Städt. Bauausichtsamt 18. Aug. 1972, Städt. Vermessungsamt 27. Juni. 1972

Lageplan Firma M. Kappus Offenbach a.M, Feinseifen-u. Parfümerie-Fabrik, 7.10.1986

Lageplan Firma M. Kappus Offenbach a.M, Feinseifen-u. Parfümerie-Fabrik, Wasserwirtschaftsamt Hanau, 21 Nov. 1988

**Illustrationen im Textteil:**

Privates Archiv Kappus: 61

Stadtarchiv Offenbach: 15

Bauaufsichtsamt Offenbach, Archiv: 4

**Ilustrationen im Bildteil:**

Privates Archiv Kappus: 34

# QUELLENVERZEICHNIS TEIL III

**Primärquelle:** Kappus, Dr. W.: Seifenproduktion, Abhandlung vom 22.10.1997

**Literatur:**

Ausschuß zur Untersuchung der Erzeugungs- und Absatzbedingungen der deutschen Wirtschaft: Die deutsche Seifen- und Parfümindustrie, verlegt bei E. S. Mittler& Sohn, Berlin 1931, 9. Band, S. 12 f, 103.

Bergell, C. e.a.: Seifen und seifenartige Stoffe , Verlag von Julius Springer, Wien 1939, S. 398 f.

Braudel, F.: Sozialgeschichte des 15. bis 18. Jahrhunderts,

Corbin, A.: Pesthauch und Blütenduft, Verlag Klaus Wagenbach, Berlin, 1984

Friedell, E.: Kulturgeschichte Ägyptens und des alten Orients, Beck Verlag, München, 1967, S 202, 277, 377

Martin, A.: Deutsches Badewesen in vergangenen Tagen, Verlegt bei Eugen Diederichs, Jena, S. 46, 69, 1906

Perfall A. von: Parfum, AVG, Obrigheim, S. 60-63, 66, 1992